線《せん》と管《かん》をつながない
好文×全作の小屋づくり

中村好文
吉田全作

PHP研究所

はじめに

長野県、浅間山の南斜面に御代田《みよた》という小さな町があります。

この火山の麓《ふもと》に「LEMM HUT」と名付けたエネルギー自給自足の暮らしの実験をするための小屋がありました。ぼくは妻や事務所《アトリエ》のスタッフとこの小屋で週末や少し長めの休暇を過ごしながら、電線をはじめ水道管や下水管やガス管など「文明の命綱」とも言える「線」と「管」につながれていない小屋でどんな暮らしができるか、身をもって実践していました。

具体的には電力はソーラーパネルと風力発電で賄《まかな》い、調理の熱源は炭火または焚き火、飲料水以外の生活用水は雨水を利用する開拓者のような小屋暮らしです。小屋暮らしの期間は二〇〇五年から二〇一五年までのちょうど十年間でした。

この小屋のエネルギー自給自足の仕組みやそこでの暮らしぶりについては『食う寝る遊ぶ　小屋暮らし』（ＰＨＰエディターズ・グループ）という本に詳しく紹介しましたが、じつはいま読んでいただいているこの本『線と管をつながない　好文×全作の小屋づくり』は、その続編にあたります。興味のあるかたは、ぜひ、そちらも併せてお読みいただきたいと思います。

さて、借地契約の十年間は瞬く間に終了し、土地と小屋を地主さんに返すことになりました。このとき、自分の生涯のひとつの時代が終わったという感慨はありましたが、残念ながらものごとをやり終えた満足感を心の底から味わうことができませんでした。このあたりのモヤモヤとした気持ちをなんと表現したものか、適切な言葉が思いつきませんが、あっさり言うと「やり遂げた」という達成感ではなく「やり残した」という反省の念がじわりじわりと湧き上がってきたのです。

いまにして思えば、そうしたモヤモヤは小屋暮らしを始めた当初からなかったわけではありません。たとえば「LEMM HUT」のトイレは本来的には微生物の働きで堆肥にして利用するバイオ・トイレであるべきでしたが、小屋の計画を練っていた二〇〇五年頃にはまだ「これだ！」と膝《ひざ》を打つお誂《あつら》え向きのバイオ・トイレはなく（あったかもしれませんが見つけられず）、致し方なく汲《く》み取り式の簡易トイレにしました。つまり安易な方法に「流された」ことになるのですが、このときは「汲み取り式ではあるけれど、線と管につながっていないという最初に掲げた大原則を裏切っているわけではないし……」と自分を無理やり納得させた（言いくるめた？）わけです。

トイレのことは大きな反省点のひとつでしたが、そのことと同様に大きな反省点がもうひとつありました。それは、小屋で暮らした日数のことです。もともとの目的はエネルギー自給自足の暮らしの実験をすることでしたが、実際にそこで暮らしたのは主に週末です。それもひと月に三回行ければ上出来で、平均すれば月に二回程度といったところ。しかも標高約九三〇メートルの小屋は「夏の家」仕様ですから、十一月半ばから三月半ばまでの冬期は使えません……となると、年間の使用回数は一五回程度。一回に二、三泊するとしても日数にしてせいぜい三十五日〜四十五日ということになります。すなわち一年間のせいぜい一割強ということになり、本当の意味で小屋暮らしの実験をしているとは言いがたかったのです。

では「なぜもっと足繁く通わなかったのか？」と問われそうですが、そうできなかった一番の理由は東京から頻繁に通うには少々距離が遠すぎたことです。運転免許証を持たないぼくが小屋に行くには、自宅のある大田区から東京駅に行き、そこから軽井沢まで新幹線で行き、軽井沢からしなの鉄道で御代田駅まで行き、そこからタクシーに二十分ほど乗って辿り着くことになり、それなりに時間もかかりますし、交通費だってバカになりません。加えて五十歳代から六十歳代にかけて本業の住宅設計と家具デザインの仕事も忙しくなってきて思うように休みが取りにくくなっていました。

また、六十歳代のなかばには乃木坂の「ギャラリー間《ま》」と、「金沢21世紀美術館」で二年続けて大規模な展覧会を開いたりしたこともあって、小屋で過ごす時間を捻《ねん》出《しゅつ》しにくくなったという事情があります。

「やはり春夏秋冬を通じ、そこにしっかり腰を落ち着けて住みつかなければ、本当の意味での実験にはならない」という悔恨の念は、その後もぼくの中で埋《うず》み火《び》のように燻《くす》ぶり続けていました。

＊

京都の紫野《むらさきの》に築後百年余を経た京町家を『ギャラリーやなせ』という漆工芸店に改修する工事に着手したのは「LEMM HUT」を地主さんに返した直後の二〇一五年のことです。

改修工事は思いのほか手間取って翌年の二〇一六年の早春にようやく完成しました。このお店の柿落《こけら》としは『赤木明登・漆展』で、ぼくは展覧会の会期中に店内で「京町家改築11カ月」と題したトークイベントをしました。その折に赤木さんがこのトークイベントを聞きに来てくれていた吉田牧場の吉田全作さんをぼくに引き合わせてくれたのです。

初対面の吉田さんのひげ面《づら》の精悍《せいかん》な風貌と、意志の強さの感じられる眼光と、レスリング選手のように引き締まった体軀《たいく》は、どことなく野生の動物を彷彿《ほうふつ》とさせました。ところが、この吉田さんが破顔一笑すると、たちまち目の前に好奇心旺盛で人懐っこい少年が現れるのです。ぼくはたちまちこの笑顔に魅了されました。
そしてぼくの顔をしっかり見据えて「小屋が作りたいんですよ」のひと言。
ぼくの小屋に対する悔恨の念を払拭《ふっしょく》することになる救世主の登場です。

二〇二二年五月

中村好文

線と管をつながない
好文×全作の小屋づくり　目次

1章

小屋暮らしの妄想を現実に

―― 吉田全作

この丘に小屋を建てて暮らそう

そこは古い梅の木やヤマモモ、柿といった果樹が無造作に植えられていた丘でした。主人を失った果樹園には下草が伸び放題。しかも東側が急斜面。西側は切り立った崖《がけ》で何も遮るものがなく、開けてはいましたが登り口はありません。椎《しい》の大木が数本突き出ているこの辺りで一番眺望の利く丘でした。吉田牧場からは谷を挟んで南方道なりに三キロメートルほど。標高も同じく四〇〇メートルほどの位置です。黒柴のハルと何度も散歩がてら通っているうちに、およそ計画的とは言い難いのですが、衝動的にこの丘を手に入れることになりました。

猪よけの古びた柵を取り払い、梅や柿の木を切り倒し、崖っぷちに立つと西側に吉《き》備《び》高原の大パノラマが広がります。照葉樹林の山並みからは縄文時代にここで暮らした人々の営みや騒《ざわ》めきの気配さえ感じられます。雲に隠れた夕陽は天使の階段を何筋も地平線に落とし、オレンジ色に輝きながら沈んでいきます。

「ここに小屋を建てて暮らしたい」。きっと誰でもそう望むに違いない、かけがえのない場所でした。

その頃、喉に刺さったまま取れない魚の骨のようにどうもすっきりとしない嫌な気分に晒《さら》されていました。二〇一一年に福島で起こった原子力発電所の事故のことです。丘から望むと必ず目に入る高圧線の鉄塔を見るたびに気になっていました。吉備高原の山並みを縦断するその鉄塔群は、どこかの発電所から電気を大量に使う町や工場へ電気を運んでいます。そして、その発電所の発電方法の一つとして原子力発電があります。その発電方法はとても危険で、一旦事故が起これば大勢の人たちの命や健康

全作さんが愛用のドローンで空撮した霞たなびく吉備高原の敷地写真。今回はドローンの空撮写真が設計にも大いに役立った。

を脅かし、大量の放射性物質が環境中に放出されれば地球環境にも大きな影響を及ぼすことを関係者は知っていたはずです。

しかも、他の国に比べ地震の多い日本では、地震とそれが引き起こす津波によって構造物が崩壊し、原子力発電所の安全装置が機能しなくなることも指摘されていたのです。

長距離の送電ロスがあるにもかかわらず、東京で使う電気を作るために原子力発電所を人口の少ない福島の片田舎に建てたのはそのためです。さらに原料のウランは一トンのウラン鉱石から僅か数グラムしか採取できません。そして採掘労働者の健康を蝕《むしば》み、危険な放射性廃棄物が残土として大量に残されたままになるのです。

さらに、原子力だけではなく石油や石炭といった百万年以上前の化石燃料を地球の奥深くから大量に掘り出し地上で燃やすという行為も、原油をめぐる国際紛争や地球温暖化の原因になることを考えると、無力感に陥りそうになります。それでも、何か僕にできることはないものかと思案を巡らせてきました。

そこで小屋を建てるにあたってまず初めにそういった地球環境や人々の暮らしに負荷をかけない暮らしをするにはどうしたらよいのかを考え、エネルギーの自給を目指すことにしました。風力や太陽光による発電エネルギーを蓄えて、灯りや必要最小限の電化製品を使おうというわけです。さらには、この広大な照葉樹林帯を眺めていると、現代のテクノロジーを駆使して（少し大袈裟《おおげさ》ですが）、全ての線と管をつながない小屋を目指そうという妄想に取り憑《つ》かれるようになりました。

好文さんの著作の中にも紹介されていますが、小屋で自給生活というと最初に思いつくのは、平安時代から鎌倉時代にかけて京都で歌人として活躍した鴨長明でしょう。『方丈記』にあるように、狭い小屋暮らしの中で花鳥風月を慈しみ無常を説いていました。詩人であり彫刻家であった高村光太郎も、戦争に加担した詩を書いたことへの自責の念から、岩手の小屋で七年間の隠遁生活をしていたことがあります。檀一雄やル・コルビュジエもそんな暮らしを実践した人たちでした。

おそらく、人は一生に一度は、独居自炊の暮らしをしたいという願望があるのではないでしょうか。じつは僕もその一人で、そのころ思うところがあって、一人の時間を持ちたいと思うようになっていたことも小屋を建てたいという理由のひとつでした。人生は実に不可解で衝動的なのです。

一冊の本に出会う

さて、この妄想を現実のものとするにはどのようにすればよいのか。その当時、幻のチーズを求めてブータンの山奥に暮らす人々の元へ通っていた僕は、原始的とも思われる自給自足の生活を幾度も経験していました。ヤクを追い、沢のそばに石積みとテントで小屋を急拵《きゅうごしら》えし、焚《た》き火を焚き、乳製品を作り暮らしている人々のことが頭から離れませんでした。

そして一冊の本に出会いました。『食う寝る遊ぶ　小屋暮らし』。著者は建築家・中村好文さんでした。好文さん（親しみを込めてこう呼ばせてもらいます）の文章は読みやすく、どの著作を読んでも、ときに洒落《ジョーク》を交えながら考えを平易に伝えてくれるので、記憶力に乏しい僕の心にも響く言葉が残ります。

自ら台所に立ち、包丁を振るい、寒い冬には暖炉に薪をくべることを慈しむ。日々の暮らしを大切にしている建築家であることが身に染みて伝わる文章でした。中でも、環境に負荷をかけないように、しかも楽しく暮らそうという設計思想が僕の妄想していた小屋にピッタリだったのです。そして、設計の依頼者（あえて施主とは呼びません）とのいろいろな形でのコミュニケーションの中からどんな住処《すみか》を望んでいるのか、そして、住宅が完成した後に月日を重ね、依頼者がどのようにその住宅で暮らしこなしてゆくのかを洞察し楽しむ。そういうふうに、依頼者に対して緩急自在な建築家であることが著書の中から読み取れたことも決め手でした。

ただ、日々の暮らしを大事にしている好文さんには、僕がどんな暮らしを望んでいるのか的確に伝えなければいけませんでした。線や管がつながっていなければ不便には違いありませんが、その不便さを〝暮らしのわざ〟で補うことを楽しむ暮らし、漠然としていますがそれが実現できる小屋であってほしいと考えました。

詩人の長田《おさだ》弘が書いた『食卓一期一会』（ハルキ文庫）に〝思想は暮らしのわざである〟という一節があります。日々の暮らしを支えているわざの数々はそのまま思想と呼んでよいと。ブータンの山に住まう人々の暮らしそのものです。

以上、こうなったら思いの丈をぶつけるために好文さんに突撃するしかありません。京都で初対面にもかかわらず、その夜二人でカラオケに飛び込んで、井上陽水を何曲も歌ったのが小屋建設の入り口でした。

2章

パーマカルチャーデザイナーの四井真治さんを訪ねる

――中村好文

暮らしの達人

山梨県北杜市《ほくと》にパーマカルチャーデザイナー（※）の四井《よつい》真治さんの住まいを訪ねたことがあります。

四井さんはぼくが北杜市で手がけた住宅の住み手であるHさん一家の親しい友人で、その住宅の設計段階から相談役《アドヴァイザー》的な立場で打合せにも参加してもらっていました。そんな縁もあって、Hさんの敷地を下見に行ったときは、まず四井さんの家に伺って、地元の食材をふんだんに使った美味《おい》しい料理の数々と、竈《かまど》で炊いたご飯の豪華なランチをご馳走になりました。

このときの訪問の目的はランチだけでなく、四井さん一家が長年にわたって実践している人が暮らすことで自然環境を豊かにする循環型の暮らしぶりをつぶさに見学させてもらうことでした。そのうえ四井さんからパーマカルチャーについて、目の前の事例を指し示しながらの分かりやすいレクチュアまでしてもらいました。

この本の「はじめに」でぼくは「LEMM HUT」のトイレを汲み取り式にしたことを悔やんでいると書きましたが、四井さんは家族の排泄物はもちろんのこと、生ゴミも、枯れ葉も、剪定《せんてい》した枝も、動物の死骸（飼っていたヤギまで！）も、全て堆肥小屋で堆肥にしています。そしてそれでできた栄養たっぷりの土を畑に撒《ま》いて野菜を育てるなど、まったく無駄なく使い切って見事に循環させているのです。

この堆肥化の話は、突き詰めると「土」に行き着くことになりますが、同様にして四井家の「水について」の取り組みも「火について」の蘊蓄《うんちく》も興味尽きないものでした。このことについては全作さんの小屋で触れることにして、ここではぼくが目を

※「パーマカルチャー」は、持続可能な生活システムのデザイン体系のことで、パーマネント（永久の）、アグリカルチャー（農業）、カルチャー（文化）の意味が含まれている。四井さんはその暮らしの仕組みを提案するデザイナーである。

上／堆肥小屋の前で四井さんから堆肥についての基礎的なレクチュアを受ける。
下／工作名人の四井さんの「基地」。ここで四井さんは手で作れるもの、手で直せるもの、全ての作業をこなしている。

瞠《みは》った四井さんの「工作室」と「農機具コレクション」（二つともぼくが勝手に付けた名前です）について紹介したいと思います。

四井家の敷地の一角に四井さんご自慢の「工作室」があります。四井さんは手仕事が得意で、大工仕事であろうと、溶接などの金属加工であろうと、機械類の分解組み立てや修理であろうと、なんでもござれの手仕事名人ですが、「工作室」はそうした作業をする基地です。木工道具をはじめ様々な手道具や電動工具が壁といわず作業台の上といわず、所狭しとひしめきあっており、どの道具も使いこまれて手垢《てあか》と機械油が染《し》み込んで黒光りしていました。手仕事に対して特別な思い入れのあるぼくには、その工《こう》作心《さくごころ》を掻《か》き立てる雑然とした場所が「光り輝く宮殿」に見えました。

そして「宮殿」の裏手にまわると、そこには今どきの農家では使われなくなった脱穀機などの手動式、足踏み式の農機具がいくつも無造作に置かれていました、いわば「四井農機具コレクション」です。ぼくが四井さんを振り返って「これは?」と目顔《めがお》でたずねますと四井さんは「ああ、昔の農機具の仕組みが面白くてね、農家の納屋の隅で見つけると、貰《もら》い受けたり、譲ってもらったりしてるんですよ」と、こともなげに応《こた》えました。そして「たとえばこの《縄綯《なわな》い機》はね、足踏み式で、ホラ、こんな面白い仕掛けで動くんです」と言って実演して見せてくれました。

縄綯い機の、メガフォンをふたつ割りにしたような二カ所の差し込み口から藁《わら》を二～三本ずつ差し込み、左右の足踏みペダルを交互に踏むと上下運動が歯車によって回転運動に変換され、差し込まれた藁を捻《ひね》って縄にしていく仕組みなのですが、捻った藁のはみ出たささくれ部分を摘み取る健気な装置などもついていて、その見事な機構と働きぶりに思わず感嘆の声を上げました。そしてぼくは、この微笑を誘う愉快な仕

「四井コレクション」の至宝「縄綯い機」。本当はレオナルド・ダ・ヴィンチのタッチを真似《まね》たイラストで紹介しようと思っていたが、あえなく挫折。

組みからレオナルド・ダ・ヴィンチのセピア色のスケッチを思い浮かべていました。

狢《むじな》のご対面

さて、ここで話は変わります。

二〇一六年の春に吉田全作さんから小屋の設計を依頼され、敷地の下見と打合せのために初めて吉備高原の全作さんのお宅に伺ったとき、全作さんからチーズを熟成させる地下の熟成室を試行錯誤して作り上げた話を聞いたり、使い古しの電柱を格安で大量に手に入れて最初の家と牛舎を建てた苦労話に耳を傾けたりしました。このとき、まったくなんの脈絡もなく四井さん宅を訪ねたときのことが鮮やかに脳裏に蘇《よみがえ》りました。そして、突然「そうだ、全作さんに四井さんを紹介しなければ！」と胸の裡《うち》に使命感のようなものが湧き上がってきました。

吉田さんと四井さんはひげ面という共通点はあるものの、顔つきも、体つきも、話し方も似たところはありませんが、物作りが習い性になってしまっている……もっと言えば、物を作り出すことが運命づけられているという点で、はっきり同じ穴の狢の匂いがしました。べつな表現をすれば、二人の精神の底を流れている伏流水の水脈が同じだと、ぼくは確信しました。

この二人は巡り合う運命にあり、その仲立ちはぼくがするように運命づけられている……と独り決めしてしまったわけです。

二〇一六年八月一九日、全作さんは岡山から、ぼくは東京から、勇んで北杜市の四井さんの家に向かいました。そして、案の定、二匹の狢のご対面は、ぼくの予想どおりの展開になりました。初対面の挨拶もそこそこに、堆肥作りについて、水を浄化する水路《バイオ・ジオ・フィルター》について、ビオトープの水質について……熱心に語り合う二人の様子は同志の再会を見るようで、その意気投合ぶりは、紹介した張本人のぼくが嫉妬《ジェラシー》を感じるほどでした。

3章

全作、「全部作る」人

――吉田全作

自分で「全部作る」という呪縛

僕は小さい頃から物を壊すのが得意でした。得意というと自慢話のように聞こえますが、親の持ち物を分解し、元通りにはできないわけですから、悪行の数々と言ってもよいかもしれません。柱時計、ミシン、カメラなどなど、ドライバーを片手に夢中になって破壊していました。

そうやって親に愛想を尽かされながら知らず知らずのうちに物の仕組みを学んでいきました。家にあるもので分解するものがなくなると、興味は大工さんや畳屋さんの手仕事の観察に移りました。美しい鉋屑《かんなくず》を眺めながら鉋の秘密を解き明かし、畳表の張り具合の調節道具や巨大な専用針の使い方と力の入れ具合など、数々のわざを飽きることなく観察することに時間を使うようになりました。

そのことが後々の僕の暮らしに影響を与えたことは間違いありません。牧場を始める前は東京でアパート暮らしをしていました。その際の納豆や濁り酒、そして焼酎《しょうちゅう》造り（四十年以上前なのでお許しを）。その頃オープンした大型ＤＩＹ店で木の枝を売っていたことに、お金がないと何にもできない町なんだなあとショックを受けたりもしました。

牧場を始めるにあたっては、資金がないのでローコストを実現しなければならないのと、わざを磨くことを目的に、古電柱（木柱）を二〇〇本ほど手に入れ牛舎や自宅の構造材にしました。そして、建具類と材木はほとんどを古民家の解体現場からいただいてくるといった具合です。

「全作」という名前がそうさせるのではないかと、面白おかしく言う人がいます。

面白がってくれる人、一度で覚えてくれる人などもいてありがたいと思っていますが、「金作」とか「金策」に間違われることもあり、あまり素敵な名前だとは思っていませんでした。どうやら「全部作る」という呪縛を受けて生まれてきたようです。

さて、線と管のつながっていない、そして環境に負荷をかけない小屋を実現するにあたって、まず電気をどう自前で作ってどう溜《た》めるのかを考えました。そのためには、小さな小屋といえども一日にどのくらいの電気を使うのか、そのためには余裕をもってどのくらいの蓄電量が必要なのかを調べなければなりませんでした。

電灯用に三〇〇ワット、便所のシステムに五〇ワット、バイオ・ジオ・フィルターと池の循環用ポンプに五〇ワット、フランスからキットで購入した薪窯《まきがま》で焼くパン作りに必要な冷蔵庫と冷凍庫に合計で五〇〇ワット、雨水を溜め込んだ地下タンクから水道に水を送るポンプに二〇〇ワットといったところです。煮炊きには冬は薪のクッキング・ストーヴ、夏は七厘《しちりん》で凌《しの》ごうということで、とりあえず〇ワット。どれも一時間あたりの電気使用量ですから、稼働中だけしか電気を使っていないということを考えれば、一日の使用量を最高五キロワットとして進めてよいだろうと見積もりました。一般家庭の電気使用量が、夏場エアコンを使用する世帯で二〇キロワット、その他の季節で一〇キロワットということだそうですから、妥当な数字だと判断しました。

そして、それに見合う発電量を担うものを決めなければなりません。風力発電はこの丘に常時吹く強い風を考慮すると、とても魅力的なものでしたが、一定以上の風力が必要な上に稼働部が多くあり故障しやすく、それを防ぐための設備代が高額であるという欠点があるので今回は見送り。近所に沢でも流れていれば小水力発電が比較的簡単に設置できるのですが、丘のてっぺんに建てるのですからそれもだめ。残ったのは小屋の屋根に設置可能な太陽光パネルによる発電でした。

発電量は小屋の屋根に設置できる大きさで決まりますが、結局、最大四・八キロワットの発電が可能な太陽光パネルを載せることになりました。その発電量は、太陽光の角度と天候で決まります。夏場で最大三・五キロワット、冬場で一・五キロワットといったところです。

蓄電するものとして、鉛バッテリーやリチウム・イオン・バッテリーなどがありますが、今でもその中で一番安価な蓄電設備は鉛バッテリーです。現在は、位置エネルギーを得るために重いものをモーターで上に持ち上げ、使用するときにゆっくりと落とすことにより電気を作るという仕組みも考えられていますが、その当時は考えもしなかった蓄電方法でした。

結局、フォークリフト用の大きな鉛バッテリーに蓄電することになりました。価格も安価で、リチウム・イオン・バッテリーに比べて同じ蓄電容量であれば、五分の一ほどの価格で購入可能です。しかも、希少金属を使わない鉛バッテリーは再生可能。メンテナンスさえ真面目に（ここが重要ですが）していれば最低十年間は使用できるそうです。太陽光発電は天候に左右されるので、発電が期待できない雨の日が続くことを考慮しなければなりません。最長五日間雨が続くことを想定して、最大二八キロワット（一日の使用量五キロワット×五日間）の蓄電ができる鉛バッテリーを選びました。鉛バッテリーを作っているその工場でも蓄電に使って工場を稼働させていると聞き、安心して使用することにしました。

太陽光の発電電圧は一二ボルトで、それを蓄電池に充電するために四八ボルトに変換し、発電量を制御するためにコントローラー、蓄電池からの電圧を四八ボルトから一〇〇ボルトと二〇〇ボルトに変換するインバーターという装置が必要です。

蓄電量に余裕はありますが、できるだけ電力を使用しない暮らしをするために、風

左頁／小屋の現場監督の蜂谷幸昌さんの描いたソーラー発電のシステム図。電気に強い人ならこの図を棋譜《きふ》を繙《ひもと》くように楽しめるはず。

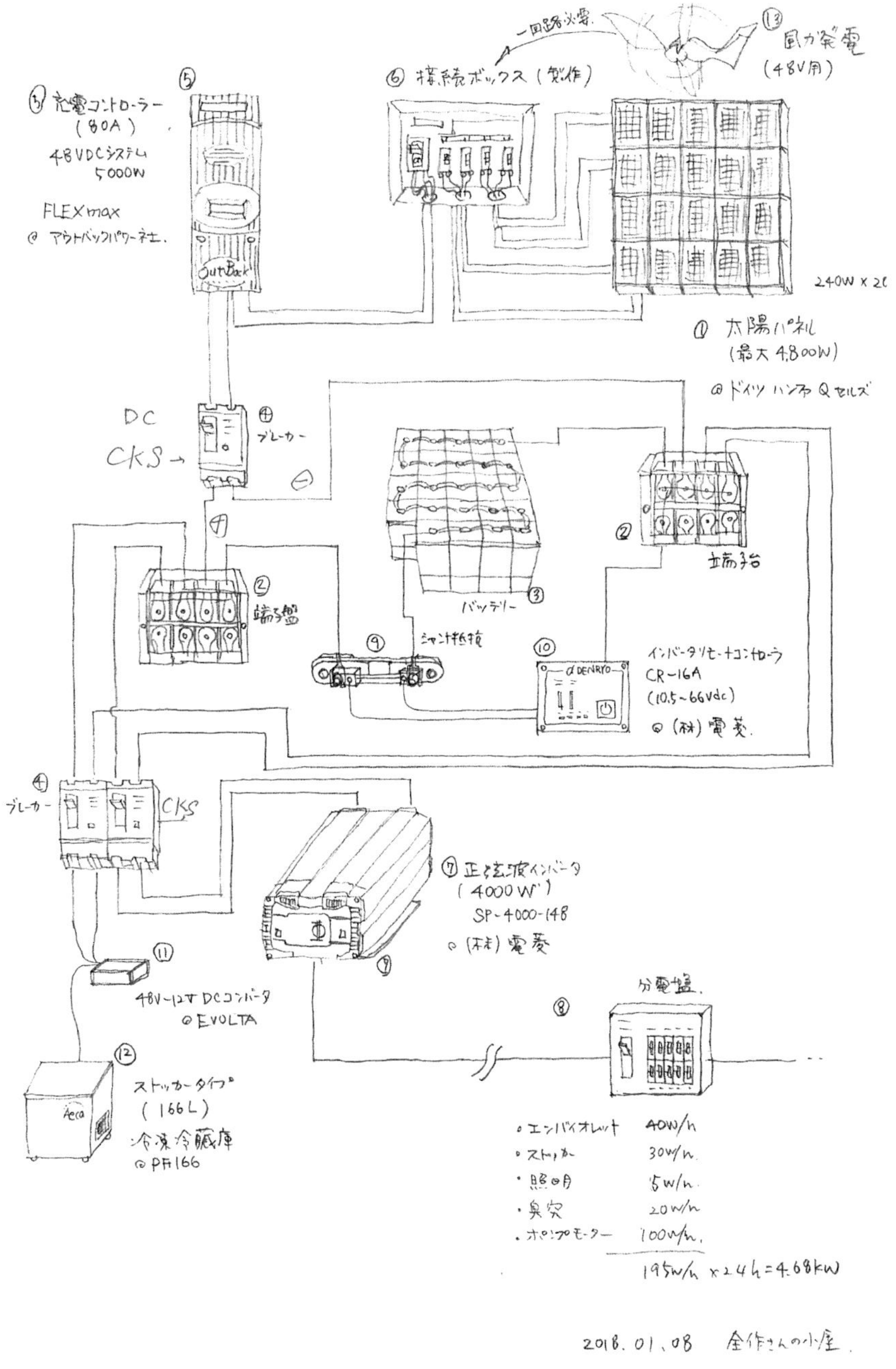

⑬ 風力発電
(48V用)
一回路必要
⑥ 接続ボックス（製作）
⑤ 充電コントローラー
(80A)
48VDCシステム
5000W
FLEXmax
@アウトバックパワー社
OutBack
240W x 20
① 太陽パネル
(最大4,800W)
@ドイツ ハンファ Qセルズ
DC
CKS→
④ ブレーカー
② 端子台
③ バッテリー
② 端子盤
⑨ シャント抵抗
⑩ インバータリモートコントローラ
CR-16A
(10.5~66Vdc)
@(株)電菱
DENRYO
④ ブレーカー
CKS
⑦ 正弦波インバータ
(4000W)
SP-4000-148
@(株)電菱
⑪ 48V-12V DCコンバータ
@EVOLTA
⑫ ストッカータイプ
(166L)
冷凍冷蔵庫
@PF166
Aeca
⑧ 分電盤
・エンバイオレット 40W/h
・ストッカー 30W/h
・照明 5W/h
・臭突 20W/h
・ポンプモーター 100W/h
195W/h ×24h=4.68kW
2018.01.08 全作さんの小屋

呂の湯を何に頼るべきか、大いに悩みました。薪ボイラーか太陽熱温水器か。太陽熱温水器は、現在開発途上国で普通に使われている真空管式のものにし、冬場に充分温水が得られないことも考え、薪ボイラーも併用することにしました。ところが、嬉しい誤算がありました。真空管式は、太陽の熱を無駄なく取り入れ、その上に設置した保温タンク（二〇〇リットル）に最高八五度のお湯を貯められるので、冬場でも晴れていれば四十度以上のお湯が出ることが分かりました。結局、薪ボイラーは現在まで数回しか使っていません。

では、その水はどのように調達すればよいのか。井戸も沢もない丘の上ですから雨水に頼るほかありません。樋《とい》からの雨水をドイツ製のステンレスフィルターを通し、温度変化の少ない地下に設置した二トンの水タンクに溜めることにしました。その水をマイクロファイバーを使った濾過《ろか》装置を通してポンプで水道の蛇口に送るのです。そのまま飲み水としても利用可能な濾過装置を見つけたことも幸いでした。

さらに食品や大好きなワインを保存する設備がどうしても必要でした。納屋として建てた別の小屋に前述の冷凍庫と冷蔵庫はありましたが、肝心の小屋にはありませんでした。そこで、昭和の時代に使っていた氷の冷蔵庫はないものかと探していたところ、小屋の施工をお願いした会社の会長さんから、使っていないものがありますよと連絡が。よく図々しいと言われますが、欲しい欲しいと言い続けていると手に入れることができるようです。

料理は薪のクッキング・ストーヴと七厘ですることにしました。クッキング・ストーヴには四〇〇度にもなるオーヴンもついています。七厘レンジは好文さんの考案で、設置する三個の木製の五徳《ごとく》といい、換気のための工夫といい好文さんの真骨頂です。

屋根の上に設置した小屋のエネルギーをつかさどるソーラーパネルと真空管太陽熱温水器。お天気がいいので、職人衆は仕事の合間に整列して記念撮影。

汚水や雑排水を循環させるために

そうやって料理して食べた後に出てくる毎日の排泄物はどう処理したらよいのか悩んでいたところ、好文さんから山梨に一緒に行きませんかと突然のお誘い。自然と共生する循環型の暮らしを実践している人だから、きっと全作さんの小屋の参考になると思うよと言われて会いに行きました。好文さんが2章で紹介されている四井真治さんのお宅です。僕は初めてお会いする人の手を盗み見る癖があって、お会いした際にもそのあまりにも巨大で節くれだった両手に目は釘付《くぎづ》けでした。思わず手の平を見せてくださいと写真まで撮らせていただいたほどです。その手は紛れもなく自ら動き実践してきた証でした。なるほど家の中と敷地内の至る所が暮らしのわざで溢《あふ》れていました。

便所は大鋸屑《おがくず》や落ち葉などの堆肥を混ぜながら用を足す仕組み。ハンドレバーでかき混ぜて、頃合いを見て堆肥の中に混ぜ込みます。ただ、外便所ですから堆肥舎にも近く、こまめに管理ができる利点はあるものの、小屋の中に置くと小蠅《こばえ》など虫が湧く原因になりそうだと思いました。外便所を作るときは迷わず夕陽を眺めながら用を足せる四井方式を採用するのは間違いありませんが……。

思案の末、小屋にはカナダで実績のある便器と排泄物などのコンポストが別々に設置できるシステムを使用することにしました。排泄物は管を通って外にあるコンポストに真空装置によって運ばれます。飛行機のトイレと同様の仕組みです。コンポストに入ったものは、時々発酵種（発酵菌や発酵堆肥）を入れて堆肥レバーを引き混合する仕組みです。常時換気ファンが回っていて水分が蒸発し匂いもしません。

左頁／小屋の裏手に小屋暮らしのエネルギーを支える大小様々な機器類をおさめるための納屋がある。この納屋にはパンを焼く薪窯もある。

四井さん宅でのもう一つの大きな収穫が、バイオ・ジオ・フィルターでした。人の暮らしから排出されるのは排泄物だけではありません。台所や風呂などの雑排水もその一つです。バイオ・ジオ・フィルターは、深さ五〇センチメートル幅五〇センチメートルほどの溝を毎日の排泄量に応じた長さに掘り、そこに瓦くずなどの微生物の棲《す》み着きやすい多孔質のものを敷き詰めて浄化する仕組みです。バイオ・ジオ・フィルターが流れる先には小さな池も作りました。瓦くずの中では、クレソンや空芯菜《くうしんさい》が育ちます。そして、浄化された最後のところではワサビも育つと教えられましたがそれはまだ成功していません。

池には、鯉《こい》の稚魚を放流したせいか鷺《さぎ》が飛来、蒲《がま》の種を運んだのでしょう、今では池は蒲で溢れ、大きな鯉が泳ぎ回りモリアオガエルが生息するビオトープとなっています。ただし、台所の排水は富栄養なので、一旦縞《しま》ミミズに微生物や食品くずを食べさせてからミミズの排泄物をバイオ・ジオ・フィルターに流しています。縞ミミズは一日でその体重の三倍もの細菌や有機物を食べるそうですから、たくさん飼えばかなりな量が処理できます。

持続可能な小屋作りに欠かせない数々の知恵と知見を、専門書を読み、専門家の話などに耳を傾けながら得てきましたが、四井さんとの付き合いの中で知ったヒントを僕が咀嚼《そしゃく》し、好文さんと施工会社の方々と一緒にまとめるという過程なくして目的は達成できなかったと思っています。全作すると言いながら僕が全部作ったわけではありませんが、それぞれのわざを結集した素晴らしい小屋になりました。

上右／台所に付随する傾斜土槽の小屋。普段はケンドン式の扉を閉めておく。
上左／バイオ・ジオ・フィルターに瓦くずを敷き詰めたところ。
下／周囲を石敷にしたビオトープ越しに小屋を見る。この日はちょうど傾斜土槽を設置する日で、その作業が始まっている。右手奥にエネルギー関係の機器類とパン窯用の納屋が小さく見える。

4章

小屋づくり、今度こそ！

――中村好文

心躍る知らせ

全作さんに初めて会ったのは京都のクラフトギャラリーでしたが、その前に全作さんからギャラリーのオーナーの柳瀬さんに次のようなメールが届いていたそうです。

近所に夕日の見える見晴らしの良い土地を手に入れたので、そこに完全エネルギー自給型の小さな穴倉のような住宅を建てたいと思い、建築家を探していました。で、中村さんに行き着きました。

赤木さんに紹介してもらおうと思ったのですが、赤木さんと一緒に「ギャラリーやなせ」で直接お願いできる機会がありそうなので、渡りに船で伺わせていただこうと思った次第です。

三十年前、古電柱二〇〇本集めて住宅と牛舎を建てましたし、

二十年前には、シアトルから材木を輸入し、ついでに大工も呼び寄せて、今のすまいを建てました。

チーズ熟成用に電気を使わない地下室も造りました。

小さな終《つい》の棲家《すみか》を造るのが夢です。

「小屋好き」を自認する建築家にとって、こんなに胸がときめき、心躍る知らせがほかにあるでしょうか。

世事に疎《うと》いぼくも吉田全作さんのチーズの評判は小耳に挟んでいましたが、そのチーズ作りの名人がエネルギー自給型の住まいを建てたいと考えているとは驚きでし

た。全作さんのメールのごく短い自己紹介からはエネルギッシュで行動力のあるキャラクターであることがはっきり伝わってきました。クライアントとなるとなかなか手強い相手かもしれませんが、なあに「胸を借りる」って言葉だってあることだし、やり甲斐《がい》のある仕事であることだけは間違いなさそうです。

なによりも「LEMM HUT」で成し遂げることのできなかったエネルギー自給自足型の小屋の「完全版」の設計に挑戦できるチャンスが再び巡ってきたのです。この瓢簞から駒が出たような展開に思わず顔が綻《ほころ》んでいました。

と、喜んだのも束の間、手放しで喜ぶ前にしておかなければならない大事なことがあったことに気づいて、一瞬、顔が曇りました。

二人三脚の相方《あいかた》

このことを書く前に、ちょっと回り道になりますが、まずぼくの事務所の設計体制について説明しておきます。

ぼくの事務所は、通常、一軒の住宅の設計と工事監理をぼくと担当スタッフがペアを組み、二人三脚で取り組んでいます。設計に関する大方針を決めることはもちろんのこと、その仕事に関するあらゆることがら（「建物を敷地内のどこに、どの角度で配置するか」から始まって「テーブルのエッジの丸みを何ミリにするか」まで）の最終決定をするのはぼくの役割ですが、そのために必要な図面を描《か》いたり、調べ物をしたり、資料を作ったり、クライアントからの要望を取りまとめて整理したり、見積もり金額をチェックしたり、現場監督と施工上の細かなやりとりその他の膨大な実務をこなすのは担当スタッフの仕事です。先ほど書いた「しておかなければならなかった」のは、この小屋の設計でぼくとペアを組むスタッフを決めることだったのです。全作さんから依頼のあった二〇一五年、ぼくの事務所の正式なスタッフは四名で、その全員が他の仕事で手一杯の状態で小屋を担当する余裕はなく、ニッチもサッチもいかない状態でした。一瞬顔が曇ったのはそのことが脳裏に浮かんだからですが、スタッフについて補足すると、ぼくの事務所には正式なスタッフとは別に「プロジェクト・スタッフ」と呼んでいる外部スタッフが何人かいます。外部スタッフはぼくの事務所から独立していった元・スタッフや、大学の教え子や、建築家の友人などで、ほとんどは個人で設計事務所を自営している建築家ですが、彼らが仕事と仕事の合間などで余力のあるときに、外部スタッフとしてぼくの相棒を務めてもらっています。ところが、あいにくこのときは頼みの綱のその外部スタッフも、それぞれが抱えている仕事で忙しくしていたため途方に暮れたのです。

でも、人の巡り合わせというのは不思議なものですね。ひょんなことで知り合った大阪の若手の建築家にこのエネルギー自給自足の小屋の話をしたところ、興味を示してくれて、ふたつ返事で全作さんの小屋の設計・監理を外部スタッフとして意欲的に取り組んでくれることになったのです。その外部スタッフが、岩橋翼くんです。

これでめでたく二人三脚の相方ができ、号砲一発、いよいよ小屋の設計がスタートしました。

夕焼けの残照をバックにシルエットを見せる小屋と納屋。葉を落とした大木は視覚的な効果満点。

上／テラスから室内に続く土間越しに居間を見る。農作業の途中で長靴を脱がずにお昼を食べられるように土間側にも食卓がある。ラセン階段の左手の廊下の奥がトイレと浴室。
下／テラスと室内は木製の引き分け式の大きなガラス戸で仕切る。

上右／土間と台所を仕切るカウンター。甲板は漆塗りで輪島の赤木明登さんからのプレゼント。
上左／廊下側から台所方向を見る。
下／ラセン階段を上がったところが全作さんの「籠《こも》り部屋」。正面に東の風景を切り取る窓、左手の開口部から屋根の上のテラスへ。

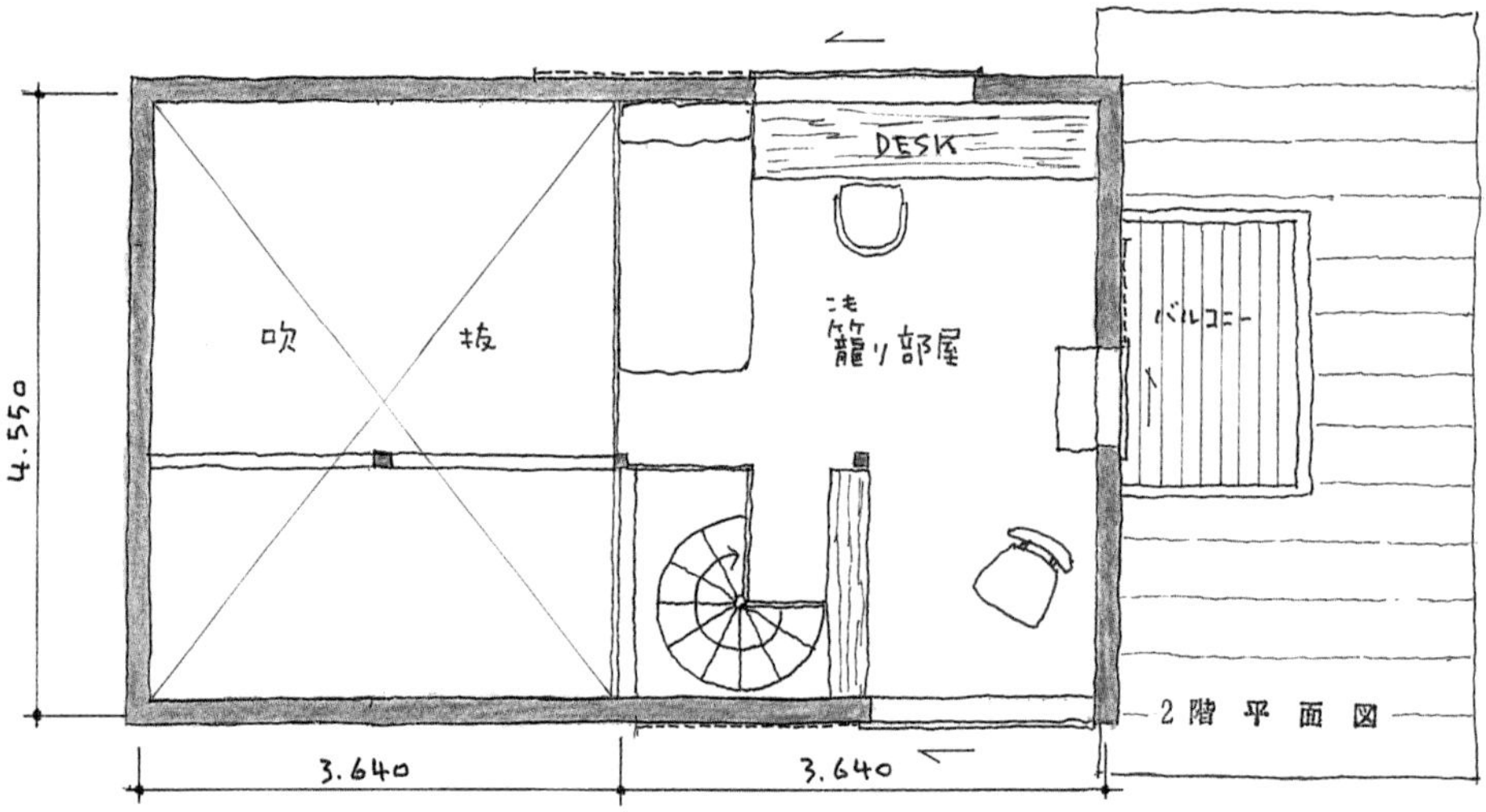

2階 平面図

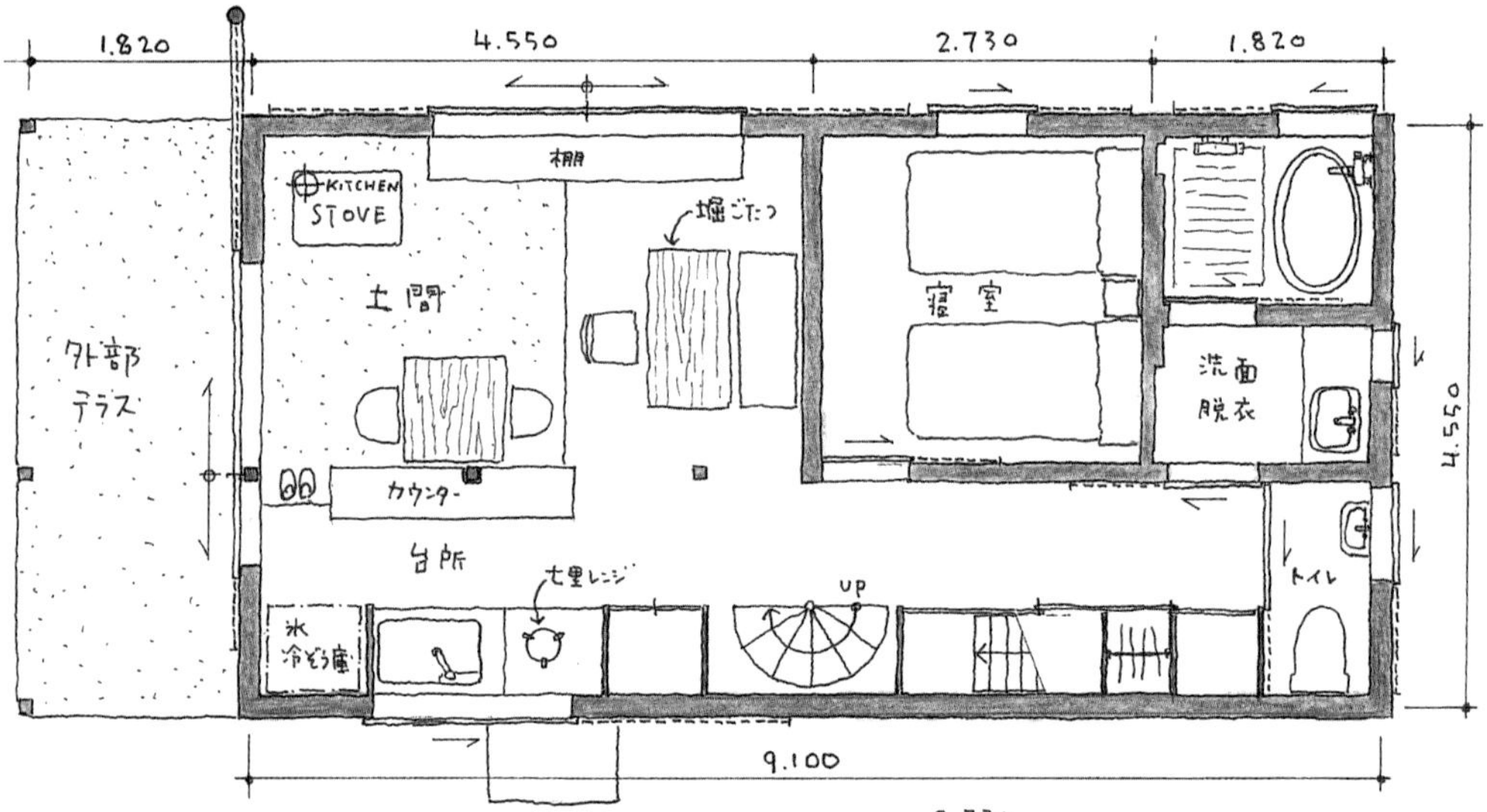

1階 平面図

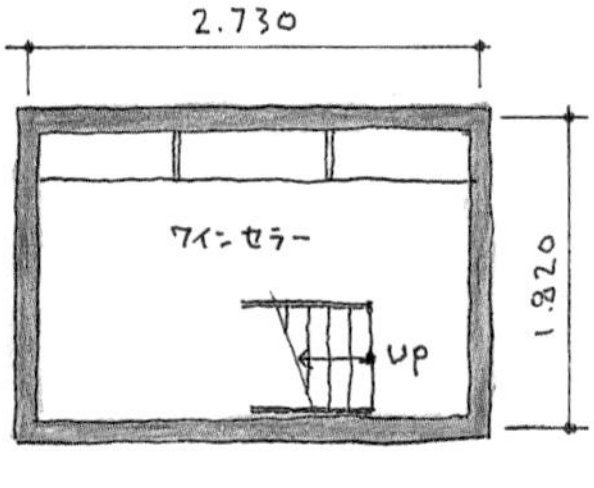

地階 平面図

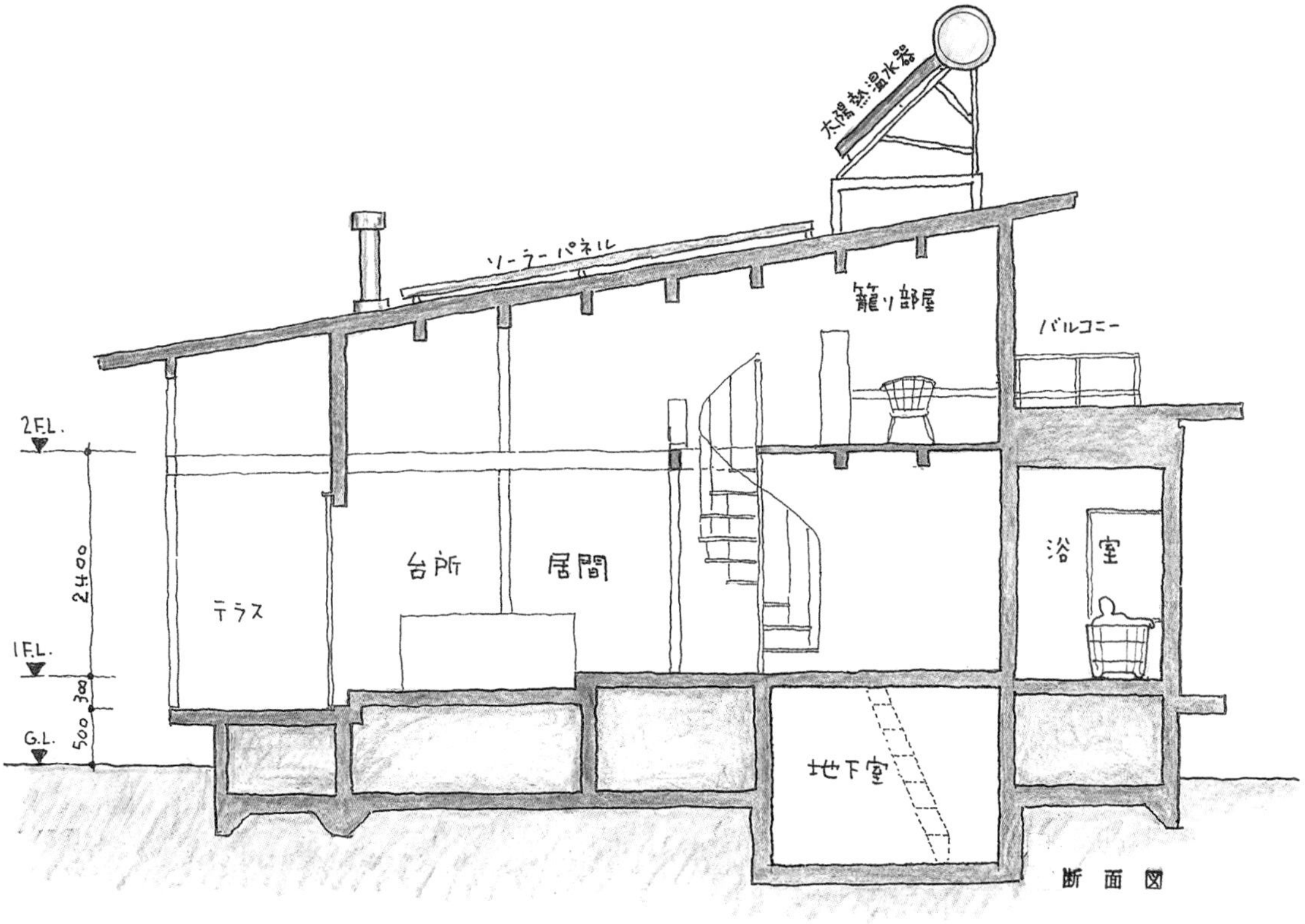

右頁／小屋には小さな地下室（ワインセラー）とロフト的な２階があり、延床面積は63㎡（約19坪）。

K
I
G
H

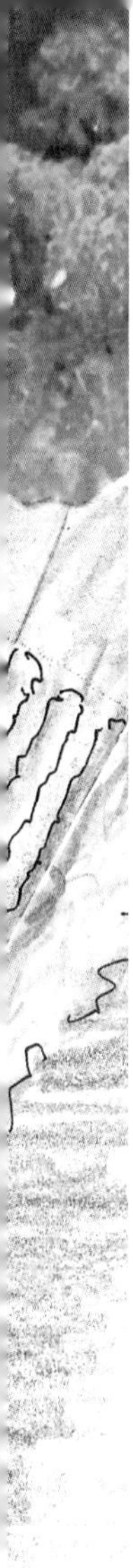

F バイオ・ジオ・フィルター。傾斜土槽からの排水はこのバイオ・ジオ・フィルターに流れ込み、ここでも微生物の働きで水を浄化している。幅50cm、深さ50cm、長さ約10mの溝には瓦くずなど微生物の棲み着きやすい素材がびっしり敷き込まれている。

G ビオトープ／Biotopはギリシャ語のbio（命）とtopos（場所）を組み合わせた造語で「生物生息空間」と訳される。日当たりのいい丘の上にある水辺の空間は動植物にとって格好の居場所であると同時に、小屋暮らしにとっても心癒される潤いの場所となっている。

H 畑／ここでは空豆やニンニク、トウガラシなどの野菜を栽培している。吉田牧場には堆肥がたくさんあるし、コンポストで栄養たっぷりの堆肥もできるので無農薬の野菜が元気に育つ。

I 葡萄《ぶどう》畑《ばたけ》／ワインを作ろうと発心したまでは良いが、「言うは易し、行うはナントカ」で、最初に植えた苗は病気と害虫でほぼ全滅。どうやら「日暮れて道遠し」のようだが、立ちはだかる困難が多いほどファイトが湧いてくると言う全作さんのこと、数年後にはできたワインで乾杯することになると思う。

J 林檎《りんご》畑《ばたけ》／ワインと並行してシードルを作るための林檎畑。こちらもなかなか苦戦の模様。毛虫の駆除作業は、朝晩、手でしなければならないそうだが、この作業を農作業用語で「テデトール」と呼ぶらしい。

K 以前から敷地内にあった家。ここに廃車になった電気自動車を何台か置き、屋根に設置したソーラーパネルで発電した電気を廃車のバッテリーに蓄電する案も本気で検討していた。バイオ・トイレのコンポストをここに置く計画もあったが、バキュームで吸引できる距離の限界を越えていたため、断念せざるを得なかった。

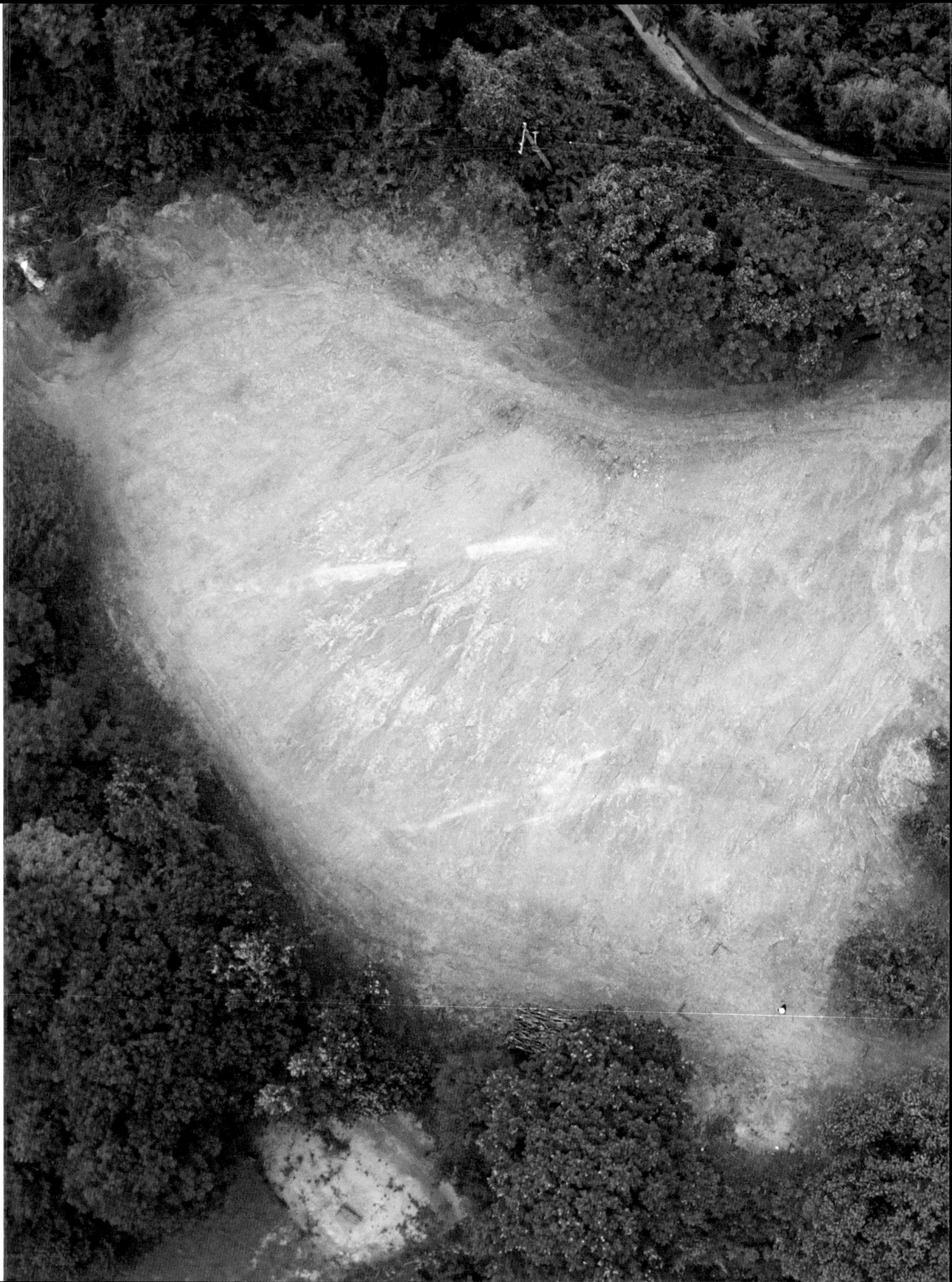

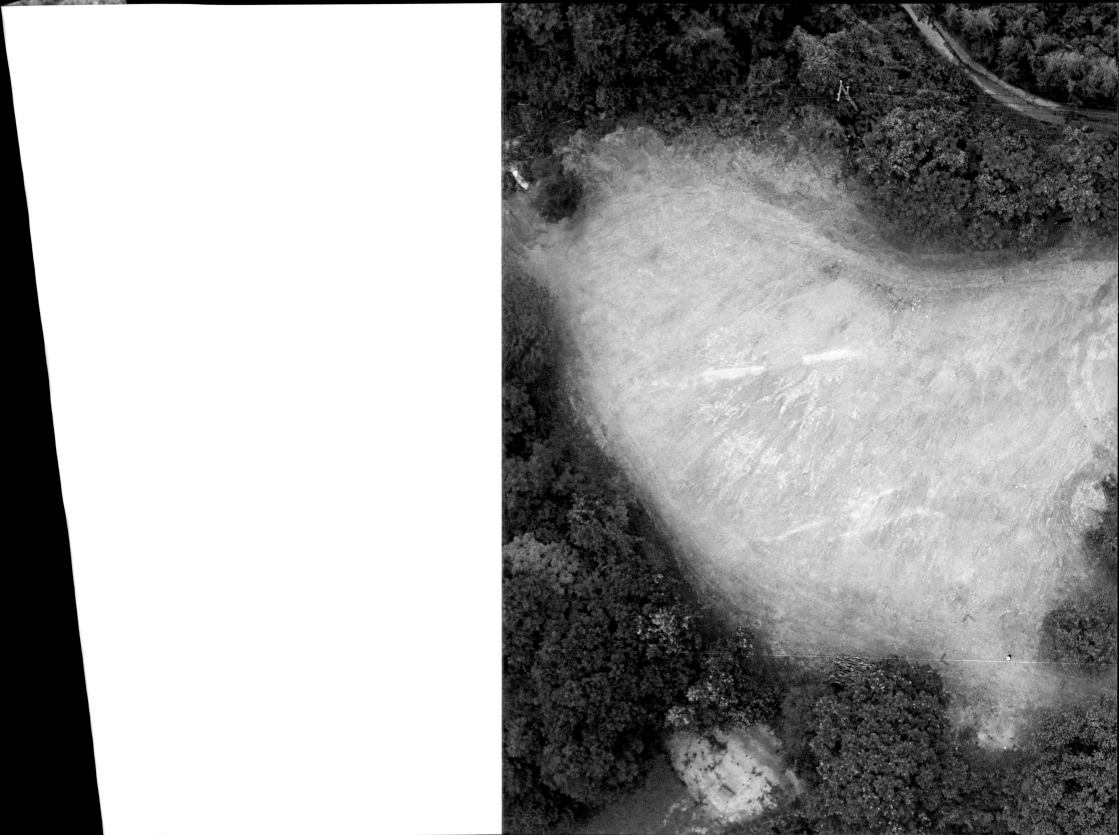

配置計画と敷地活用プラン

A 敷地西端の丘の上に建つ全作さんの小屋。屋根の上にソーラーパネルと真空管太陽熱温水器が設置されているのが見える。

B この納屋に、ソーラー発電関係の機器とバッテリー、給水用のポンプと濾過装置、ウッドボイラー、排泄物処理用のバキュームとコンポストなどがまとめて置かれている。またここにはフランスから直輸入した薪焚きのパン窯があり、全作さんはここで美味しいパンを焼いている。

C 薪は小屋の暮らしで欠かすことのできない燃料。暖房するのも、料理するのも、パンを焼くのも、み〜んな、薪。その薪置き場を大木を囲んで円弧状に設えた。ここは一年中西風があたる場所なので、薪の乾燥が早い。

D 点線で囲んだ位置に2t入る（1t×2台）貯水タンクが埋めてある。屋根の雨水は簡素な濾過装置を備えた集水器で枯れ葉やゴミなど除去した上でこの貯水タンクに注ぎ込まれる。

E 台所の窓の外に設置された傾斜土槽。内部には5段重ねにした発泡スチロールの箱の中に3cm角のスポンジを詰めた網袋が入れてある。この網袋の中で有機物や微生物を食べて土槽内の水の循環を助けてくれる縞ミミズを飼っている。

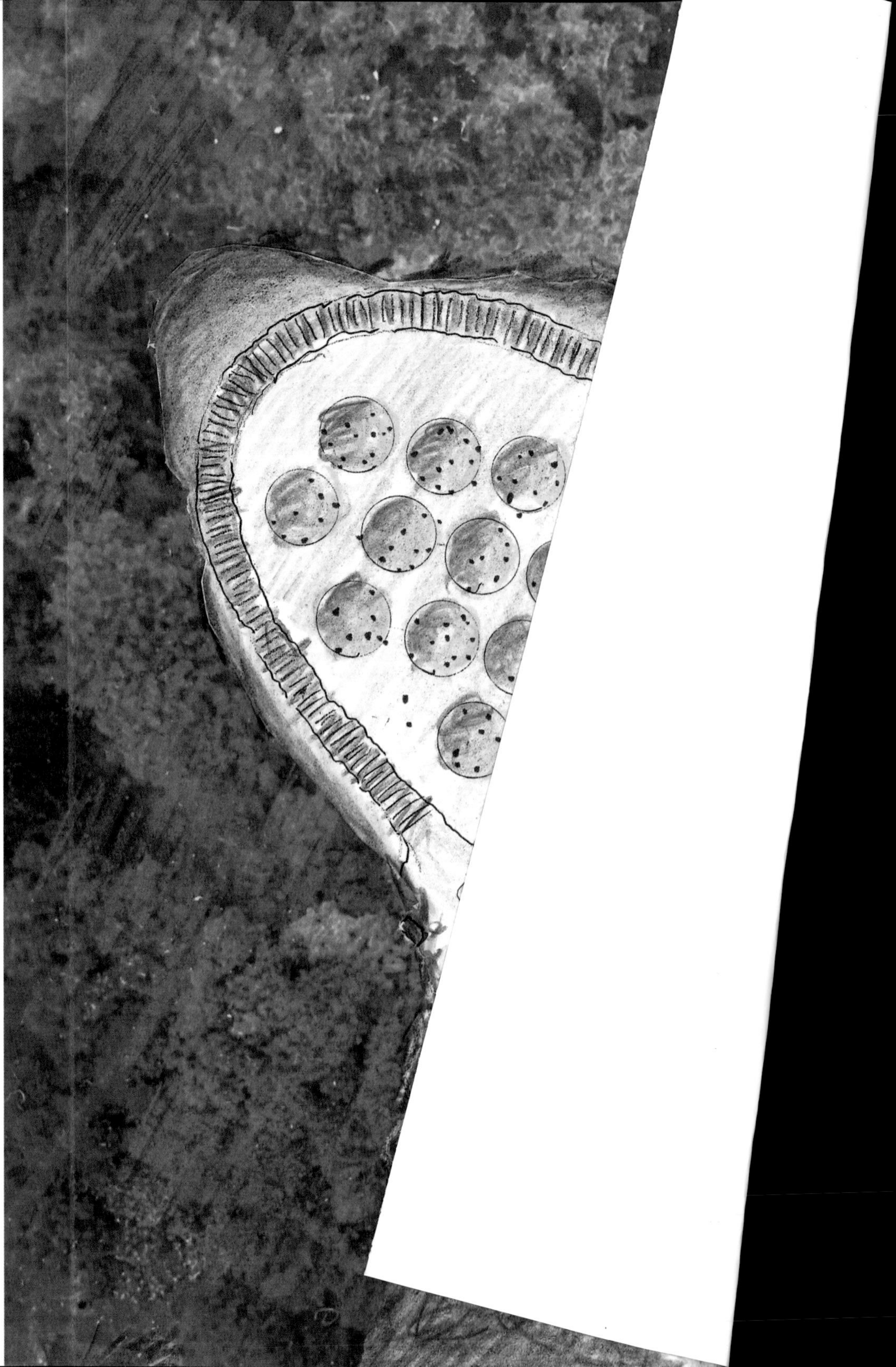

5章

全作小屋の夢は続く

――吉田全作

小屋の窓からマジックアワーを独り占め

子供の頃の遠い記憶に屋根の上から見た風景があります。一戸建ての借家は小さなボロ屋で、屋根材はセメント瓦でした。小さな子供でも足を乗せると割れるので、随分と叱られました。それでも懲りずに登っていたのは、街中の平屋には遠くを見渡せる居場所がなかったからです。玄関前は土手、縁側へ出て小さな庭に降りる手前にある格子にガラスがはまった比較的大きな四枚戸だけの暗い家でした。その頃（昭和三十年代）は、周りに高いビルなどなく、屋根に登れば遠くまで見通せましたから、眺められる時間帯は母親が買い物に出かける夕方から。それでも夕陽が沈む頃までには帰って来るので、マジックアワーを堪能した日は忍び足のつもりが瓦を割ってしまう始末でした。

そんなマジックアワーを誰に気兼ねもなく独り占めにできる小屋の粋《いき》な仕組みを好文さんは考えてくれたようです。一階西向きの大きな窓からは吉備高原の山並みが見渡せ、二階の籠り部屋の西向きの窓からは輝く夕陽が望めます。二階東の窓からは朝日が差し込み、北側のベランダに出る大きな窓からの明かりと共に、早く起きることをかなり強引に迫ります。

玄関も大きなガラス戸でできているので、どんなに曇っていても日中の室内はどこも明るく快適です。部屋に居ながらにしてマジックアワーを堪能でき、しかも日が暮れるまで電灯を点《つ》ける必要のないできるだけ電気を使わない小屋。好文さんの深謀遠慮が最も感じられるところです。

左頁／全作さんの撮影した情景写真にはいつも見入ってしまう。全作さんの傍らで同じ風景を眺めているような気持ちになるからである。たとえば、この写真を見ているとガラにもなく「来し方、行く末」を想ったりする。

小屋の配置とパノラマ風呂

小屋を建てるにあたって最も気を遣ったのが配置でした。どの場所に建てるのか、西側の壁面をどのくらいの角度で振るのか。椎の大木が西の崖上に二本立っていてそれをどのように借景とするのか、避けるのか、などなど。

とは言っても僕が悩んだのでも決めたのでもないことはお察しのとおりです。好文さんに指示されるがまま、僕は愛用のドローンを飛ばし、一階と二階の高さからの景色をぐるりと撮影したに過ぎません。それでも映像を見ながら、これから出来上がる窓からの景色を想像してとても幸せな気分にさせてもらいました。

その過程で好文さんに小屋の設計に関していろいろなお願いをしました。木の香りのする風呂から夕陽を楽しみたいという昭和生まれのジジイの願いもその一つでした。外の仕事を終え、太陽の力で雨水を沸かした風呂に入って、沈んでゆく夕陽を眺めながら酒でも飲むなんて至福だろうと妄想したわけです。それを聞いていた好文さんの目がキラッと光ったことは言うまでもありません。

檜風呂というといつも思い出すことがあります。岩手県花巻市にある高村光太郎の記念館を訪れたときのことです。僕は偶然にも誕生日が高村光太郎と同じ。しかも、訪れた日が没後六十三年記念日でした。そこには敗戦の年に戦争に加担する詩を書いたことを悔やみ独り暮らした小屋が保存してあります。七・五坪の小屋には囲炉裏が切ってあり、便所の戸には「光」の文字が透かして彫られていました。風呂は展示されていませんでしたが、「鉄砲風呂」と名付けられた檜で作られた楕円形の桶《おけ》だったようです。ただ、湯を沸かすのに大量の薪が必要だと言うことで、高村光太郎はあまり入ることがなかったそうです。戦後物資に困って風呂にも入れない人が大勢いたことで遠慮したのだとされています。

小屋の風呂の湯沸かしもエネルギー多消費型にはしたくないと思っていましたから、太陽光でお湯を効率よく沸かし保温する太陽熱温水器を使うことにしました。夏場は八五度の湯になるので、お湯はふんだんに使えます。冬場でも晴れていれば風呂に使えるほどの温度にはなるので問題はありません。

そして、雨水は軟水で肌に優しく、濾過装置できれいにしているので透明で心地よい気分にさせてくれます。普段僕らが水道水として使っている水も、じつは元を正せば、ほとんどが雨水なのです。そして、ダムに溜まった水よりもはるかに綺麗《きれい》です。

じつは、それまで面識のなかった建築家の好文さんを僕につないでくれたのは、輪島で塗師《ぬし》をしている赤木明登さんでした。輪島のゲストハウスが好文さんの設計だと知って訪ねた際、床、梁《はり》、風呂、そして風呂場の洗い場に置いてある板など至る所が漆《うるし》で塗られているのを見て、その佇《たたず》まいにとても癒されました。中でも風呂場の洗い場の床に敷いてあった我谷盆《わがたぼん》のような表面の大きな漆塗りの板に魅せられてしまいました。

風呂の洗い場には我谷盆しか考えられません。好文さんと僕の共通した思いが、どうやら赤木さんに伝わったようです。新築祝いとしてプレゼントしていただきました。湯の伝う大きな我谷盆に足を落とし、檜の風呂椅子に腰掛けて首を下に垂れると、波打った漆塗りの表情に見惚《みほ》れてしまいます。そして、好文デザインの高野槙《こうやまき》の卵型風呂に入り窓を開け放つと、そこは夕陽に輝く吉備高原の大パノラマ。好文さんのしてやったりという声が聞こえるではないですか。

左頁上／籠り部屋は東西にピクチャー・ウインドウが設けてある。デスクからは吉備高原の美しい夕焼けを満喫できる。
左頁下／浴室。卵形の浴槽は高野槙製。洗い場の漆塗りの床は赤木明登さんからの新築祝いで、我谷盆の手法で作られている。

上／配置計画でいちばん悩んだのは丘のいただきに立つ数本の大木と建物の位置関係だった。この写真を見ると「まずまずだった」ような気がする。

葡萄と林檎に夢を託して

明るい小屋の建つ敷地には、前の持ち主が短期間暮らしていた家と、その両側に畑があります。二階東窓から見下ろせるその畑は、南側は緩く、北側は急な斜面です。

それを眺めていた呑んべいの僕が畑にワイン用の葡萄を植えようと思い立つのにそれほど時間はかかりませんでした。酒を造ろうという話ですから、素面《しらふ》の状態で思いつくはずはありません。ただただ酩酊《めいてい》状態で妄想は始まったのです。小屋と納屋が線と管につながっていないのであれば、放置してある畑は牧場でできる堆肥を利用して循環型農業をするのがいい。そして、自分で醸造して自家用に飲んだ残りがあれば売ればいいと考えました。

折もよくフランスのローヌ地方でワイン造りをしている日本人の家族が近所に引っ越して来ました。相談したところ、そのアドバイスは酒税法や畑の状態など僕にとっては青天の霹靂《へきれき》。南側の畑は葡萄を栽培できるだろうが、北側の急な斜面は岩が多くよしたほうがよいとのこと。そして、南側の畑だけでは収穫量が少なく、醸造免許を取得することができないというものでした。全て自分で作って自己完結型の暮らしを夢見ていた僕にとって、自分で飲むワインを自分で醸造してはいけないという話は面白くありませんでした。そこで、北側には林檎を植え、シードルを作って醸造量を増やし、将来の自家醸造に備えることにしました。

自然のエネルギーや仕組みを上手く利用して小屋暮らしをすることで、雑多な煩わしい事柄から自由を手に入れた結果、成り行きで自前の食べ物を手に入れようと考えたことに悔いはありませんが、ことはそれほど簡単ではありませんでした。

左頁／広い土地を眺めていて「そうだ、ワインを作ろう！」と考える人は滅多にいないと思う。で、そう思い立ったら矢も楯《たて》もたまらず行動に移るのが「全作流」である。この葡萄畑からZENSAKU WINE が作られて、我が家に届く日が待ち遠しい。

自然農法で有名な福岡正信さんは、野菜の種を泥団子に包み、荒れ地に放り投げておけば条件に合った種から自然に芽が出て、雑草に耕され木の葉や草の堆肥でできた土にやがて根が生え大きく成長すると述べています。ところが、同じ場所に同じものを植えようとすると病気も虫も同時期に同じように襲いかかってきます。最初に植えた葡萄の苗は七割ほどが病気で死滅。補植したものも虫にやられ散々な目に遭いました。虫（黄金虫）は朝晩のテデトール（「手で取る」の業界用語です）、病気にはボルドー液（何百年も使い続けられている薬剤）でなんとか凌いでいますが、ワインになるのはいつの日か見当もつきません。林檎もテデトール（毛虫駆除）が欠かせません。暑さに弱いせいか成長速度が遅く元気がないのですが、植え付けて二年目に可愛い実を一個だけ付けていました。

そのときの気分ぴったりの小さく甘酸っぱい林檎を齧《かじ》りながら、葡萄も林檎も人間に食べられるために実を付けているわけではないよなあ。子孫を残すための果実だということを考えれば、太陽エネルギー、森、土、大気、水など地球上で僕らが利用し享受しているもの全てが相互に関係し合って暮らしを支え生かされているということに気付かされます。

そして、小屋から眺めるマジックアワーは、僕にとっての贅沢《ぜいたく》な日常茶飯事となり、それらを上手くまとめる精神的役割を果たしてくれています。もちろん瓦を踏み割る心配もありません。

6章

小屋の台所事情

――中村好文

打合せのため二度目に吉備高原を訪れた日は、全作さんのご自宅と庭で大がかりなパーティが開かれていました。

会場には関西方面の名だたる料理人数名とその関係者が大型バスで押し掛けていて、ぼくはまずその人数（総勢五〜六〇人でした）と顔ぶれに圧倒されました。つづいて目を瞠ったのはズラリと並べられた料理の多彩さ、質の高さ、量の多さでした。いずれ名のある料理人たちが腕によりをかけて料理するのですから当然といえば当然ですが、それにしても……と絶句したのです。その料理人たちと肩を並べて全作さんと原《げん》野《や》さん（全作さんの息子さん）がご自慢の手作りのピザ窯で趣向を変えたピザをせっせと焼いてはサービスしてくれるのでした。

美味しい料理を頰張《ほおば》り、次々に栓の抜かれるワインをグビリ、グビリと飲みながら「食べる・飲む・喋《しゃべ》る」がテーマのこのパーティを胃袋と心で存分に楽しませてもらいましたが、そうするうちに、全作さんがたんにチーズ作りの達人というだけでなく、飲食全般に対して並々ならぬ高い関心と知識と情熱をお持ちだということが、じわりじわりと意識にのぼってきました。同時に、全作さんの小屋の台所は「あだやおろそかにできない」どころか「そうとう気合を入れて取り組まなければいけないぞ！」という気持ちがふつふつと湧き上がってきて、心の中で鉢巻きをキリリと締め直したのでした。

もしかしたら全作さんはぼくをこうしたパーティに招くことで、暗黙のうちに「台所はくれぐれもヨロシク！」とやんわり伝えるサブリミナル効果（？）を狙ったのかもしれません。もしそうだとすれば、ズバリ思惑通りということになるわけです。

ぼく自身は『百戦錬磨の台所 vol.1, vol.2』（学芸出版社）というちょっと大言壮語の匂いのするタイトルの本も出版していて、台所にかけてはそうとう気合を入れて取り組むタイプの建築家だと思っていますが、全作さんの小屋の台所は上下水道やガスがあたり前に完備している台所ではなく、給水（飲料水）のこと、排水のこと、料理の熱源のこと、冷蔵庫を稼働させるための電気のこと、そうした設備系統のひとつひとつに、ひと工夫もふた工夫も必要で、なかなか一筋縄ではいかない台所なので、それなりの覚悟が必要でした。

この本の「はじめに」で触れましたが、「LEMM HUT」というぼく自身の小屋ではこうしたことについてなんとなく「お茶を濁して」しまったので、今回はなんとしても完全版を目指さなければなりません。

台所の水・熱・氷？

では、どうしたのか？　ここからそのことについて説明します。

まず、「水」ですが、水については全作さんが3章で書いているので、ここでは「決め手」が高性能の濾過装置であったことだけをお知らせしておきます。じつは、「LEMM HUT」も雨水を地中のタンクに溜めて生活用水として使っていましたが、雨水を飲料水にできる性能の良い濾過装置を探し出すことができなかったので、飲料水はミネラルウォーターを買っていました。全作さんは以前から公共の水道水の水質の安全性について疑念を抱いていたそうで、自宅でも水道管の大元に濾過装置を取り付けており、今回もその濾過装置を採用しています。

台所で水を使えば「排水」が必要になります。小屋の排水システムは北杜市の四井さんの家で完璧に機能することを確認済みの「傾斜土槽」と呼ばれる方式です。「傾斜土槽」は土を入れた箱を何段か重ねたもので、排水はその層を通り抜ける仕組みです。排水に含まれている有機物を箱の中の微生物が食べて分解してくれるのですが、微生物が増えすぎるとフィルターが目詰まりを起こすので、箱の中でミミズを飼って増え過ぎた微生物を食べてもらい水道《みずみち》を作る役割をさせるところや、ミミズならどの種類でも良いのではなく微生物が大好物、しかも大食いの「縞ミミズ」でなければならないという話など、ぼくは「つくづく面白いなぁ」と思います。

そして、傾斜土槽を通りぬけた水は「水を浄化する水路《バイオ・ジオ・フィルター》」を通ってビオトープ（池）に流れ込むことになるわけです。

続いて調理の「熱源」について。

これは「LEMM HUT」でデザインと使い勝手については実験済みの炭火を入れる「七厘《しちりん》レンジ」方式にしました。冬場はこの「七厘レンジ」に加えてイタリア製のオーヴン付きのキッチンストーヴが大活躍するので熱源については大舟に乗ったも同然です。

最後に冷蔵庫についてですが、これについてはちょっとした愉快なエピソードがあります。小屋全体の電力を節約するために、当初、冷蔵庫は氷式の冷蔵庫（＝冷蔵箱）にしようと考えていました。ぼくも全作さんも子供のころはこの氷式の冷蔵庫を使っていた世代ですから、ノスタルジックな気分も手伝って「アレ、いいよね」とニンマリうなずきあっていたのです。といっても、全作さんはただ気分に流される人ではなく、行動の人、猪突の人ですから、知り合いが所有していた大型で氷式の「高級冷蔵庫」を言葉巧みに口説き落として（おねだりして）、まんまとせしめてきました。と、ここまではトントン拍子で運んだわけですが、さて、いざ冷蔵するためには氷が必要で（しかもダイヤアイスではなく角食パンを横切りにしたようなブロックアイスが望ましいのです）、その氷を作るためには特殊な製氷機が不可欠で、その製氷機には電力が頼り……ということが判明しました。つまり電力を使って氷を作り、それを氷式の冷蔵庫に入れて食物を保存することになるのです。ここまできて「あれれ、この話なんだか変だぞ」ということになりました。氷式の冷蔵庫より電気式の冷蔵庫のほうが何倍も性能がいいのですから、それなら最初から電気冷蔵庫にすれば良かったのです。ものごとに熱中するあまり本質を見失ってしまう失態を、ふたりしてしでかしてしまったことになります。

「氷式の高級冷蔵庫ですか？」「ありますよ！」教訓的な教材として今でも台所の一角にドーンと鎮座しています。

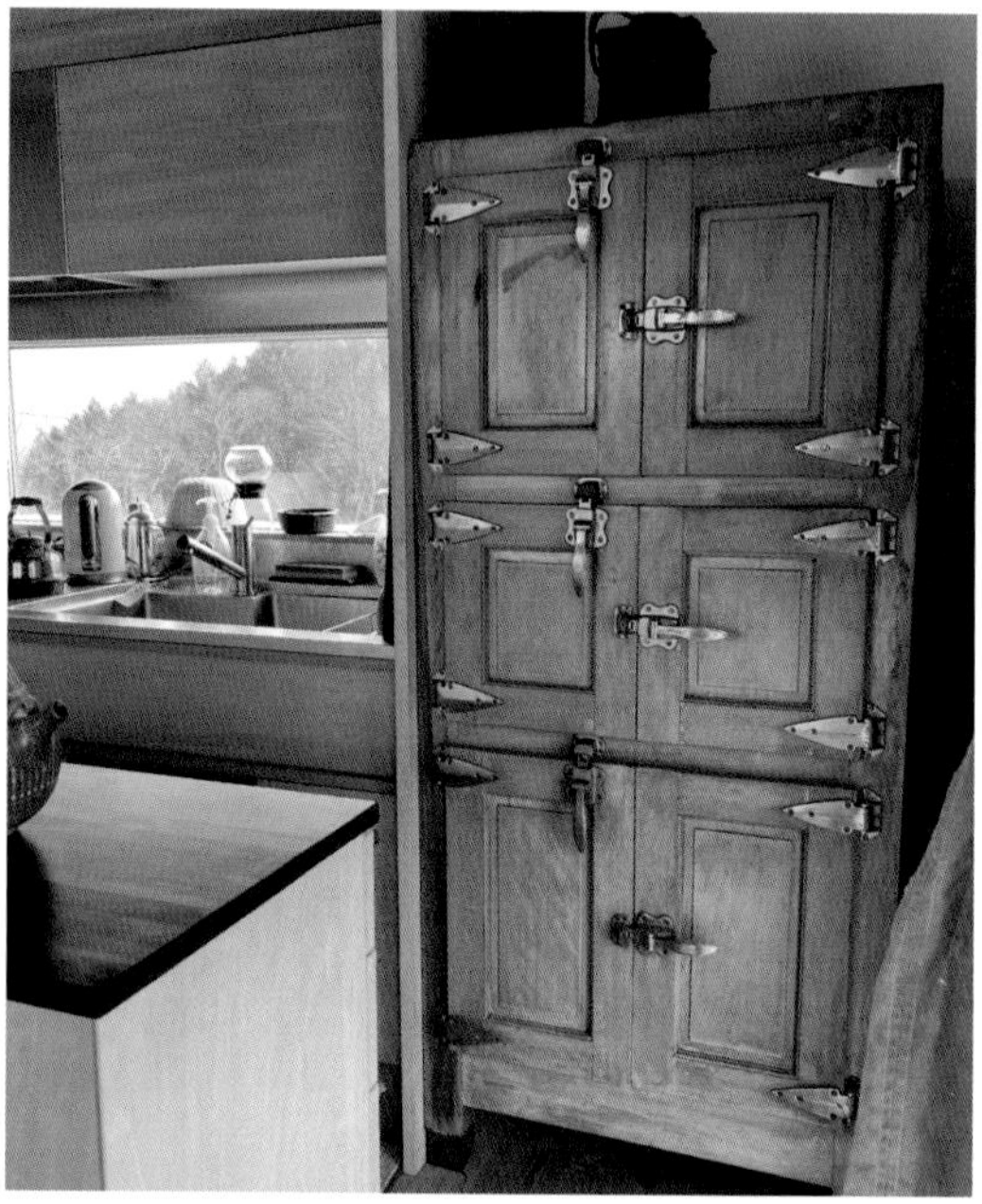

A 雨水濾過装置／屋根で集水した雨水（初期雨水と呼んでいる）には、木の葉や土《つち》埃《ぼこり》などの不純物が多く含まれる。このドイツ製の雨水濾過装置（集水器）は竪樋に取り付けて不純物をより分けた水を貯水タンクに送り込む。

B 貯水タンク／容量1t（1000ℓ）のタンクが2つ連結して埋設してあり、合計2tを貯水できる。全作さんは「夏場の水不足を考えるとこの倍の容量があってもよかったかな……」と言う。

C ポンプ／貯水タンクから水を汲み上げ給水管に送り込む小型のポンプ。ポンプは、給水システムの「心臓」ともいうべき重要な役目を担っているとは思えないほど小柄で変哲のない機械。

D 濾過装置／ポンプに直結して取り付ける雨水濾過装置。この装置によって、小屋で使用する全ての水は濾過されて飲料水になる。この装置は本文と対談にもたびたび登場する全作さんの小屋の立役者で、（株）十字屋と東レ（株）が共同開発したスグレモノ。

E 真空管太陽熱温水器／全作さんがネパールでチーズ作りの指導をしていたときに見かけ、その巧妙な仕組みに目を見張ったという真空管を利用した（株）寺田鉄工所の太陽熱温水器「SUNTOP」。性能が良すぎ夏場には85度の熱湯になるのが玉に瑕《きず》（？）とか。

F 傾斜土槽／サイコロ型のスポンジを詰めた発泡スチロールの箱を5段重ねして、台所の排水を通す。その名の通り箱の底は緩やかに傾斜していて、水は行ったり来たりしながらゆっくりと流れ落ちる。箱の中にいる無数の縞ミミズが有機物や微生物を食べて浄化作用をしてくれる。

G バイオ・ジオ・フィルター／傾斜土槽から排水された水を微生物によって本格的に浄化するための装置。池用のシートで防水した上で瓦くずを敷き詰め、1m間隔に石などで堰《せき》を作って水がゆっくり均等に流れるようにしてある。ここで空芯菜やクレソンが栽培できる。

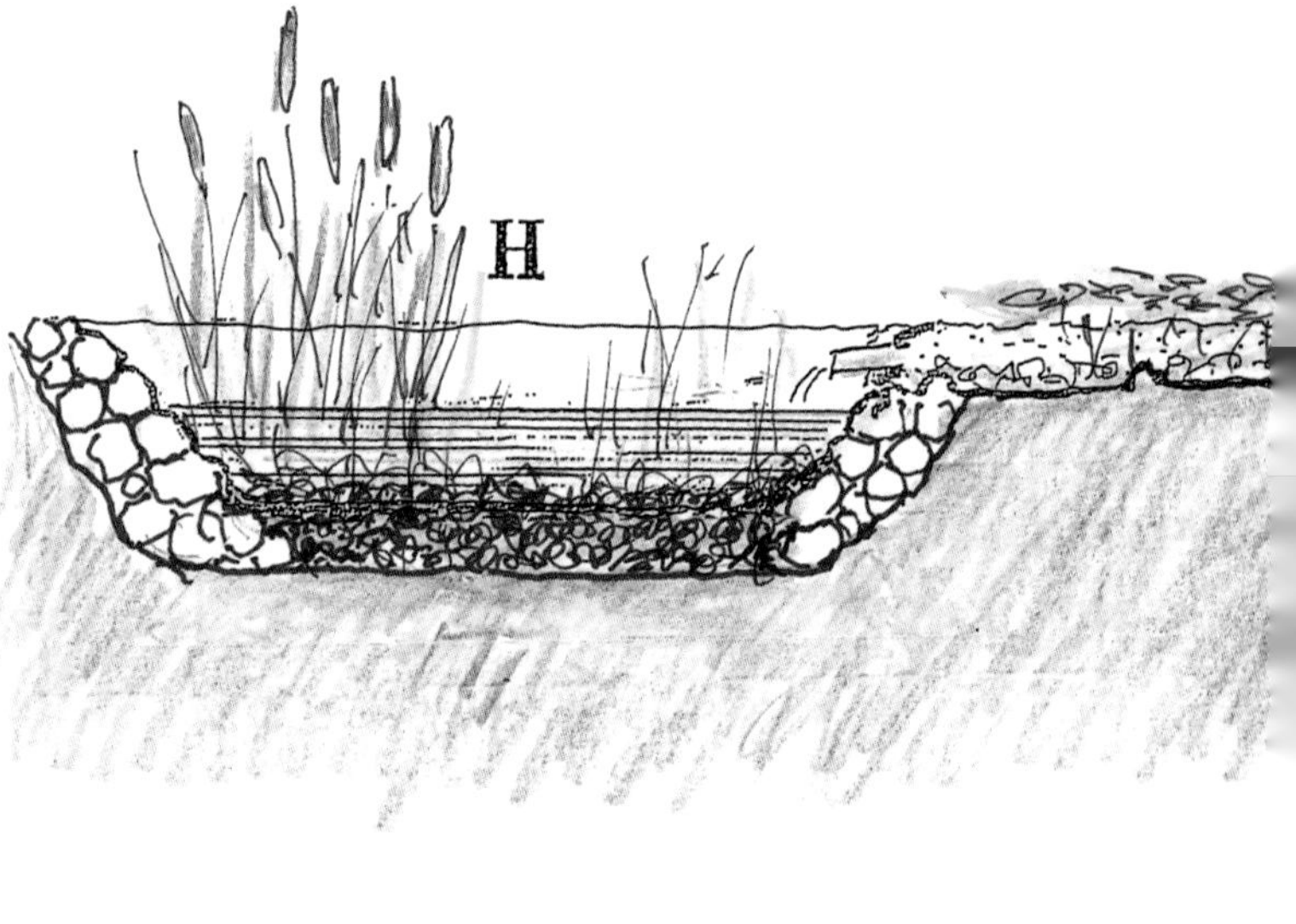

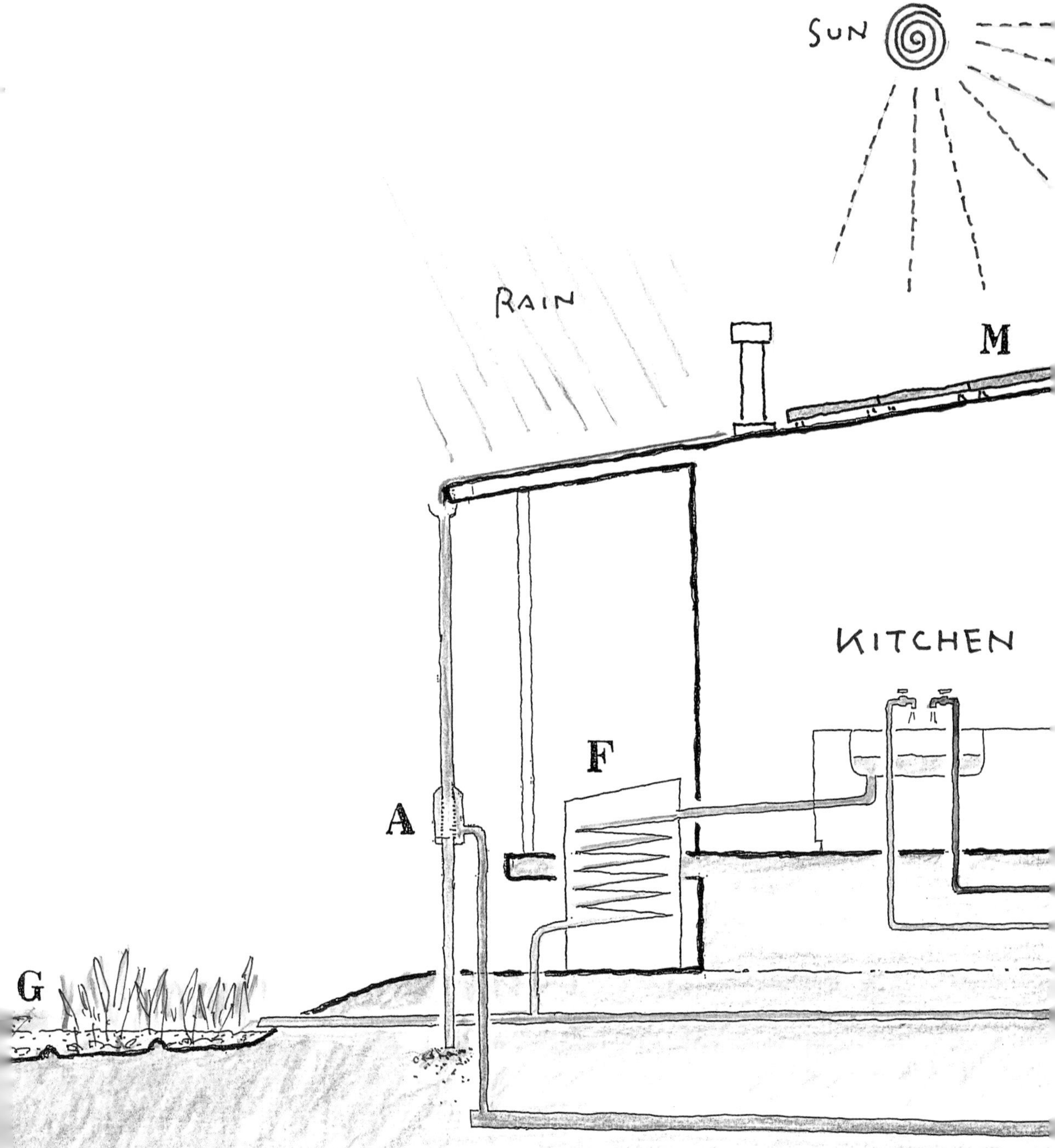
SUN
RAIN
M
KITCHEN
F
A
G

7章

牛師《うし》、小屋でパンを焼く

――吉田全作

チーズにはパン!

本業という言い方はあまり好きではありません。暮らしの全てが本業だからです。名刺の肩書きに「牛師」（塗師と書いてヌシと読むのでウシ）と書いているのはそのためです。牛飼いは、あくまで中心に位置する生業《なりわい》だという意味です。

家畜を飼って乳を搾る暮らしに休みはありません。それでも幸せな暮らしが続けられるということをモンゴル、トルコ、イタリア、モロッコ、ブータンなどを巡って知りました。人間に忖度《そんたく》することのない荒々しい自然の中、家族と共に早朝から夕暮れまで暮らしのわざを駆使して自給自足を当たり前のようにこなしていく姿を目《ま》の当たりにしてきたのです。

線と管のつながっていない小屋に暮らすのですから、そんな自給自足を実現しようという想いを持つことは自然の流れでした。そうは言っても、牧場のある丘も小屋の建つ丘も共に水のない土地です。主食となる米作りには向いていません。しかし、麦ならなんとか栽培することができるようです。スペルト小麦と言われる古代小麦です。チーズにはパン。そうです、パン窯が必要です。

麦の種も蒔《ま》いていないにもかかわらず、薪でパンを焼くという妄想にまたもや取り憑かれてしまいました。近所で採れた薪でパンを焼く。自家製のバターやチーズを乗せて自家製の紅茶（小屋の周りにお茶の木があります）と共にいただく。妄想が頂点に達した頃、フランスのローヌ地方でワイン作りをしていた日本人と知り合いになりました。その方からワイン畑の近所にパン窯を作っている工場があるという話を聞きました。遠く海を渡ってパン窯の制作キットが小屋にやってくるのに時間はかからなかったことは言うまでもありません。

　今となっては少し大き過ぎたかなと思えるパン窯ですが、小屋に隣接するエネルギーの納屋の奥に、あつらえたようにピッタリと収まりました。我が家には以前、家族と一緒に作った大きなピザ窯があります。全て国産の材料を使ってイタリアの知人に指導を仰ぎながら作ったものですが、その経験を活かして、土台以外は毎日コツコツと自分の手で組み立て完成させました。

　さて、パン窯は道具の一つですから、その道具を使って美味しいパンを焼かなければただの効率の悪い暖房器具でしかありません。いつも失敗、しくじり、間違い、やり損ない、蹉跌《さてつ》などを参考にして物作りをしてきた僕は、パン作りでもその才能を遺《い》憾《かん》無く発揮。大量の小麦の塊を堆肥にする日々が続きました。それでも、とてもパンの美味しいルヴァンの甲田幹夫さんやル・シュクレクールの岩永歩さんに直接話を聞いたり、本で調べるなどしてパンらしいパンが焼けるようになり、家族の顰蹙《ひんしゅく》を買うことも少なくなりました。

　パン作りやチーズ作りはどこの国でも、お母さんたちの役割です。親から伝承されたものを、新しい経験を積み重ねてその家庭の味を守り作ってきた農産物です。ただ、今日よりも明日、美味しく安心して食べることのできるものを作ろうと、日々手と足と頭を使って努力することができるかどうか、そして、そのことが暮らしのわざと呼べるような思想となり得るのかどうかが問われてきます。

　地球環境の悪化にともなって、いわゆる持続可能な暮らしが求められるようになってきました。牛を飼い乳を搾りチーズやバターを作る。そして、落ち葉と家畜の糞《ふん》尿《にょう》を堆肥にしてそれを畑にすき込み麦や大豆そして野菜などを植える。そのクズをまた堆肥に還元する。薪窯で焼くパン作りは、そのサイクルの中の一つに過ぎません。

上／小屋と背後に従者のように控えるエネルギーの納屋。納屋は簡素な家型《いえがた》にし、可能な限り高さを抑えている。

下／フランスから輸入したパン窯を「全部作る人」の全作さんが組み上げた。

左頁／「何度も失敗した」と聞いたが、バン・ド・カンパーニュがここまで焼ければ上出来。全作さんからさっそくチーズとセットで送ってもらい、試行錯誤の味を噛みしめた。

8章

Rice Cycleに想いを馳せて——

中村好文

シャワー袋の教え

この本の冒頭で紹介した「LEMM HUT」はエネルギーを自給自足して「どんな暮らしが営めるか」そのことを実験するための小屋でした。

そうした暮らしの根底には「省エネルギー」と「省資源」の考え方がしっかり身についていなければなりませんが、小屋ではそのことを否応なしに自覚させてくれる道具を使っていました。

小屋が完成してから二年後に敷地の片隅に「風呂小屋」を建てました。それまでは、お風呂は近所にある鄙《ひな》びた温泉に行くか、キャンプ用の簡易シャワーで済ませていました。

このとき使っていた簡易シャワーがなかなかのスグレモノで……といっても大層なものではなく、幅四〇センチメートル・長さ六〇センチメートルの塩化ビニール樹脂（PVC）製の袋にシャワーヘッド付きの短いホースがあるだけの代物《しろもの》です。このビニール袋（アメリカ製で「ソーラー・シャワー」という名前でした）に水を入れて陽の当たるベランダなどに出しておくと太陽熱でお湯になります。簡単にいうと日向水《ひなたみず》ができるわけですね。袋には水温計がついているので適当な温度になったら、袋を二メートルぐらいの高さにひっかけて、その下でシャワーを浴びることができるのです。ビニール袋の表の面は太陽熱を吸収しやすいように黒色、背面は銀色になっています。かんかん照りの夏は黒色面の方を上にしておくと短時間で水温が五〇度以上になることがあるので、そのときは銀色面を上にします。お湯が熱くなり過ぎたと思えば水を差し、ぬるいなと思ったらヤカンで沸かしたお湯を入れて温度調節します。

このビニール袋の容量は五ガロン（約二リットル）で、これが一人分ですから、髪を洗い、身体全体を洗うためには、どこからどんな順序で洗い始めるか、まず、作戦を立てなくてはなりません。大袈裟にいうと、シャワーを浴びる人間ひとりひとりの知恵と工夫が試されるわけです。スタッフ数名と小屋に泊ったときに「シャワー談義」をしたことがありますが、二リットルのお湯でシャワーを浴びる方法にも十人十色の流儀があることが分かって興味が尽きないのでした（髪の長い女性スタッフからは「私、できれば二つ欲しいんですけど……」という声も上がりました）。

ところで、そうした他愛《たわい》のないお喋りをしているとき、ふと、ビニール袋の中のお湯も「限りある資源」だということに思い至りました。地球上の資源（石炭・石油・鉱物などの埋蔵資源、海洋資源、森林資源などなど）も、ビニール袋のお湯も「限りある資源」という意味では本質的には同じなのですから、その使い方に知恵を絞り、工夫を凝らし、無駄遣いしないよう有効に活用するべきなのは、あらためて申しあげるまでもありません。

「省エネルギー」や「省資源」という言葉は身近なものに引き寄せて考えることで急にリアリティを持って感じられますが、シャワー・バッグでそのことに気づいたことも「小屋暮らし」の成果のひとつでした。

「資源」を産み出す「循環」を目指そう

「省エネルギー」と「省資源」と書いていて、思い出したことがあります。

2章の「狢のご対面」では四井真治さんの紹介が途中から脇道にそれて《縄綯い機》の話題になってしまいました。ほんとうは、パーマカルチャーデザイナーの四井さんの考え方や、示唆に富んだ話題の数々と、家族ぐるみで実践されている四井家の暮らしぶりを紹介し、そこでぼくがなにを見、なにを感じ、なにを学んだか、そのことを書くべきでした。

というわけで、ここからはそのことについて書きたいと思います。

四井さんは「多くの人は環境問題といえば《省エネルギー》《省資源》という言葉をお題目のように言うけれど、本当に大切なことはそれだけではなく、資源を得る仕組みについて考え、それを生み出すことに知恵を絞り工夫を凝らすことだ」と言います。

「一般的には、人が暮らすことによって自然環境は悪化し、資源は消費されて目減りし、地球環境に負荷を与えることになると考えられているけれど、そうしたマイナス面ばかりではなく、人が暮らすことで、資源を産み出し、その場所の自然環境を豊かにすることだってできる……」というのが四井さんが実践を通じて会得したことです。

そして、その好例として6章で述べた生活排水を微生物によって浄化する「傾斜土槽」と「バイオ・ジオ・フィルター」を挙げるのです。

四井家の台所と浴室の排水は最終的にはビオトープに流れ込んでいますが、そこでは空芯菜やクレソンやワサビなどを栽培していました。普通なら汚水として放流される排水がバイオ・ジオ・フィルターを通ることで水資源となり、無農薬の美味しい野菜を育てているということは、水の循環がとてもうまくいっているということです。

そしてその水も元はといえば雨水だということも忘れてはいけません。また、四井家は八ヶ岳の南山麓にあるため乾燥した土地柄ですが、そこに水辺の微生物の繁殖する

上右／「ソーラー・シャワー」は陽のあたるところに置いて日向水《ひなたみず》を作る。
上中／水温計がついているので、お湯を差したり、水を差したり加減して好みの温度に。
上左／高いところに引っ掛けて使用。シャワーヘッドはねじ式でひねるとお湯が出る。
下／四井家のバイオ・ジオ・フィルターではクレソン、芹《せり》、空芯菜、ヤツガシラ、ワサビなどの野菜がスクスク育っている。

豊かな自然環境が生まれていることも特筆に値します。

好例といえば、もうひとつあります。そう、「堆肥！」です。

これも「洛のご対面」の章で触れましたが、四井家の堆肥小屋は四井さん一家の暮らしを支える核《コア》です。四井さんは、金属、プラスチック以外のおよそ土に還《かえ》るものならなんでも堆肥にすることによって、栄養たっぷりの肥料を作り出し、田圃《たんぼ》や畑から元気な農作物を収穫しています。そして、このことこそ「資源を得る」ための見事な循環システムと言えるのだと思います。

ここで心に留めておきたいことは、日本でも戦後の高度成長期の前ぐらいまでは、人々はこうした自然の循環システムを活用し、その見事な円環の中で暮らしていたことです。

このことは、たとえば日本人の主食であるお米のことを考えると理解しやすいと思います。お米は稲作で作られますが、稲作から得られるのはお米だけではありません。稲穂を脱穀すれば大量の藁と籾殻《もみがら》が出ます。昔の人はこの藁と籾殻をまったく無駄にしていなかったのです。藁では縄を綯い、筵《むしろ》を編み、草履や藁靴を作りました。籾殻は薫炭《くんたん》すれば肥料になりますし、卵の緩衝材にしたり、林檎や山芋を長期保存するための格好の素材でした。また、枕に詰めれば籾殻枕になりました。

お米の循環（「Rice Cycle」という素敵な言葉があります）については、食事のシーンを思い浮かべるといっそう分かりやすいと思います。

食事の前に神棚を見上げればそこには藁で作った注連縄《しめなわ》が飾られていましたし、床には藁床《わらどこ》を藺草《いぐさ》で包んだ畳が敷かれていました。座布団がわりに藁で編んだ円座に座ることもあったでしょう。目の前の囲炉裏や傍らに置かれた火鉢には、藁や籾殻を蒸し焼きして作ったフカフカの灰を入れる慣《なら》わしでした。そして、その灰で作った釉薬

（灰釉）のかかったお茶碗でご飯を食べたのです。

まったくもって「見事な循環！」と唸《うな》らずにはいられません。

パーマカルチャーというのは、もともとは、permanent＋agriculture または permanent＋culture の造語だそうですが、先人たちはパーマカルチャーの先達であり、筋金入りの実践者だったことになります。

ぼくは全作さんの小屋がきっかけとなり、このパーマカルチャーという言葉を目にし、耳にする機会が増えるに従って、この言葉は「Permanent／長持ちする」というところに（別の言い方をすれば「持続する」ところに）、言葉の力点があると考えるようになりました。

「限られた資源を無駄遣いしない」ことも大切ですが、全作さんの小屋では、太陽、雨、風などの自然の豊かな恵みを、現代のテクノロジーの力と、先人たちのローテク技術の知恵を借りて享受し、頼り甲斐のある資源に変換し循環させて有効活用すること。そして、そのことを小屋づくりの主要なテーマに据えることだったと考えています。

いまにして思うと、このことは、計画の最初から全作さんとの間に暗黙の合意があり、それがこのたびの小屋普請《ぶしん》の力強い推進力になったのでした。

Dialogue
好文×全作

完成後3年半を経て 小屋づくりの日々を振り返る

土間から一段上がったところが居間。檜の壁を背にゆったり寛いで「小屋」を語る全作さん。

道楽仕事ってわけではないんですよね

好文 今日はよろしくお願いします。あらためて「対談」となると緊張しますが、ま、話し始めればすぐいつものペースになるでしょうから。

全作 今までだって真面目に話し合ったことは一度もなかったし……（笑）。

好文 ところで、唐突ですが、ぼくは井上ひさしさんが「座右の銘」にしていたという「むずかしいことをやさしく、やさしいことをふかく、ふかいことをおもしろく、おもしろいことをまじめに」という言葉が好きなんですが、思い返すと、この小屋の取り組みもそんな感じでしたね。で、今日はその言葉にならって、「おもしろいことをまじめに」話し合いたいと思います。

「LEMM HUT」と名付けた御代田の小屋が完成して使い始めたのが二〇〇五年でした。それから六年後の二〇一一年に三陸沖の大地震とあの津波、そして追い討ちをかけるように福島の原子力発電所で炉心がメルトダウンする大事故が起こるという具合に、立て続けに悪夢のような事態に見舞われました。

被災地の人たちの不自由な暮らしは言うまでもありませんけど、あのときは原発事故の影響で東京でも計画停電になったりして、非常に不便な暮らしを強いられました。

ぼくの小屋は一応「エネルギー自給自足の小屋」ということになっていますけど、電気のことも、飲料水のことも、雑排水や汚水の処理のこともごく初歩的なもので、本当の意味で「暮らしに役立つ」レベルまでは至っていなかったと思うんです。でも、そんなレベ

「LEMM HUT」の外観。雨水を集めるための片流れ屋根、風力発電の風車、ソーラーパネルと高架水槽を載せた櫓《やぐら》など、エネルギー自給自足のための装置をお見逃しなく。

ルでも、あのような非常事態に立ち至ったときは、充分に役に立ちますし、とても頼り甲斐があることに気づきました。

　電気も水も自前だし、ガスが止まっても七厘《しちりん》で料理することはできるんですから、とりあえずの暮らしは成り立つわけです。そのことを地震をはじめ自然災害の多い日本に暮らす人たちに知ってもらいたいというメッセージを込めて『食う寝る遊ぶ　小屋暮らし』という本を出版しました。ぼくのメッセージをどれくらいの読者が理解してくれたか分かりませんけど、少なくとも全作さんはあの本を読んで共感してくれ、声をかけてくれたひとりでした。

全作　そうです。好文さんのあの本は探し求めていた一冊でした。それまでも原始的な生活を強いられるその類《たぐい》の住まいが雑誌やネット上で紹介されていましたが、どれもその暮らしが持続可能とは到底思えない住まいばかりでした。よくやってるけど、できないでしょう、って。しかも普及はしないだろうと。

　でも、『食う寝る遊ぶ　小屋暮らし』には思い描いていた暮らしの実現に光を当てたというか、単純に「できそうだ！」と思わせる何かがありましたね。勇気付けられました。で、会って頼み込むしかないなと。

好文　心ある読者もいたってことで（笑）、著者冥利に尽きますが、読み返してみると、残念ながら、込めたつもりのメッセージはほとんど感じられませんね。

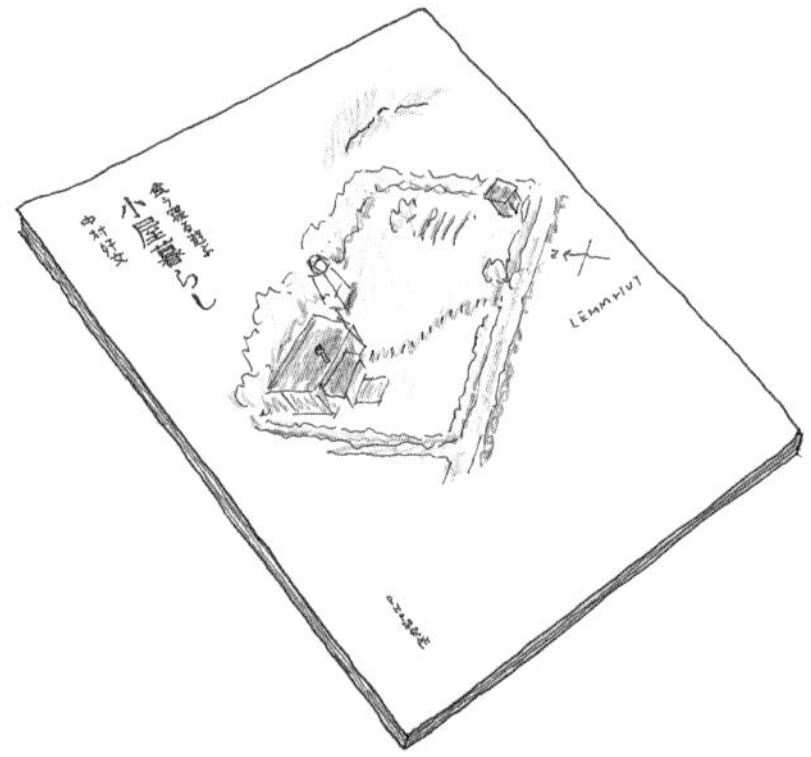

全作さんと小屋を作るきっかけになった『食う寝る遊ぶ　小屋暮らし』はこんな本。

　あらためて考えると、ぼくがあの小屋でやりたかったのは、電気も水も満足に得られない不便この上ない暮らしを、生活の知恵とローテクの工夫を凝らすことで、どうやって乗り切れるか？……というより、むしろどうやって愉しむことができるか？　という「暮らし方に対する提案」であり「テーマ」だったような気もするんですよね。ローテクという言葉も、自然の力や法則を最大限に活用したローテクと表現したほうがより正確かもしれません。

全作　僕はそのローテクの徹底ぶりを面白いと感じたんでしょうね、きっと。

好文　ただねぇ、思い返すと、あの小屋は無人島に流れ着いたロビンソン・クルーソー並みの工夫をご紹介したっていう感じで（笑）、発電にしても、飲料水のことにしても、排水の処理にしても、技術的《テクニカル》なことがいかんせん弱かった……というより、そのあたりが中途半端だったんです。その弱かったところ、中途半端だったところを今回の全作さんの小屋がしっかり補ってくれたと思うので、ようやく世の中の人に「こうすれば、こんなことができますよ」と、胸を張ってご紹介できる小屋になったと思っています。

全作　でも、問題は受け手ですね。たとえばみんなが東北の地震と津波の恐ろしさを、どれほどおぞましい記憶として自分の中に持ちつづけているか？　あるいは原発を再稼働させることについて、どれほどの危機感と問題意識を感じているか？　そういうひとりひとりの自覚が問われると思います。

たとえば、今回、この本が出版されても、僕と好文さんが本当に伝えたいこと、いわば「暗黙のメッセージ」が、どれほど読者に届くか……疑問ですよね。「経済的に余裕があるからできたんでしょう?」とか「好文さんと意気投合したからできたんでしょう?」というような声が上がりそうな気がする。

全作さんは座談の名手。卓見と独断と諧謔《かいぎやく》を織り交ぜた刺激的な発言は聞き応えあり。

好文　「あれは、隠居世代の道楽だから……」ぐらいに片付けられてしまうんじゃないかということですね。

全作　そうそう。そうなっちゃうかもしれない。

好文　でも、受けとめられ方はともかく、「LEMM HUT」は建築家が単なる思い付きや遊びでやったことではなかったし、今回の小屋もチーズ農家の一風変わったオヤジが（笑）、個人的な道楽でやったことではないんですよね。二人とも小屋づくりをけっこう楽しんだので「道楽」と言われても、ま、あえて否定はできませんけども（笑）。

それはそれとして、ぼくたちの意識としては、地震や津波やゲリラ豪雨などによる土砂災害と隣り合わせの日本という国に暮らす人に対する提案であり、住宅のエネルギーに対して漠然とした危機感を抱いている人たちの家づくりに対する、ヒントと手掛かりになって欲しいという願いをこめて取り組んだことでした。

全作　僕もそう思っています。他の人がやらないんだったら、自分でやり遂げてご覧いただこうじゃないか、って考えてきましたから……。読者からはいろいろと意見もあろうかとは思いますが、実証実験小屋ですから。これから同じような小屋を建てたいと考える人にとっては参考になると思います。自然環境に皺寄《しわよ》せが続いていることを考えても、エネルギー自給自足の具体例のひとつとして、小屋の仕組みを具体的に紹介したいと思います。

好文　さっき、ぼくは、「LEMM HUT」では、発電も飲料水の確保も排水システムも「技術的なことが弱かった」と言いましたが、この小屋ではエネルギー自給自足をほぼ完璧なかたちで実現するために、どのメーカーのどの製品を選び、それをどういう形で活用しているかということを、全作さんからこと細かに話してもらおうと思っています。

もちろん「これと同じことをしたらいいですよ」という意味ではなくて、具体例のひとつとして紹介したいと思うんです。あとは、エネルギー問題に関心があり、こういう実験住宅にも興味のある読者の皆さんがそれぞれ自分で工夫して「ああやったら良かった」とか「こうやったら上手くいった」とか「あの方法は、失敗しちゃいました」（笑）とか、侃侃諤々《かんかんがくがく》、巷《ちまた》の噂話でもいいし、インターネット上でもいいので体験談や意見が百出して、次第次第に技術的にも、経済的にも理想的な完成形に向かっていけばいいと思うんです。

全作　そうですね。そうなってくれたら本望です。こういう話は時として「自分の暮らしとは無関係なこと」だと片付けられがちですが「みんなでやれば怖くない」のですから、なによりも、皆さんがいろいろな方法を試してみることが大切だと思います。

電力というものが、そもそもどんなエネルギーを使って作られたものかということについて普通の人はあまり関心がありませんし、もし関心があったとしても、「原発で発電された電力はイヤです」とは言えなかった、つまり選択の余地はなかったわけです。でも、太陽光でも風力でも水力でも自家発電することができれば、そうしたことからも自由になれるわけです。このことだけでも世の中の人に伝えたいと思います。

「線《せん》」と「管《かん》」をつながないためにはどんなことをすればいいのか

好文　さて。では「線と管をつながない家」を作るために必要なことをひとつひとつ挙げてみましょうか。

全作　「線と管をつながない」っていう謳い文句ですから、最初は電線をなくすためにどうしたかってことから始めないといけないでしょうね。順序としては。

好文　そう思います。「管と線」より「線と管」といったほうがゴロもいいし（笑）。「線」といったら、ぼくはまず「電線」を思い浮かべますね。二十年ぐらい前なら「電話線」も同時に思い浮かべてたんでしょうけど、携帯電話が普及して、電話線はもう意識からも、視界からも消えてなくなりました（笑）。
全作　今回「電気をどうするか」については、ホントいろいろ考えたし、徹底的に調べましたね。ソーラーパネルはどれがいいか？　とか、バッテリーはどれにしようか？　とか、高台で風の吹き渡る場所なので風力発電が向いているんじゃないか？……とかね。風力のほうは試しにイタリア製の風力発電の風車を取り寄せてみたりしたけど、これは子供騙《だま》しのオモチャ並みの性能でダメだった。言ってみれば大きな「風ぐるま」のようで、まったくのところ使いものになりませんでした。
好文　そういえば、いかにもイタリアらしい洒落た色あいのプロペラが敷地の隅っこに放置されていたのを見かけたことがありましたけど、あの、アレ、ですね。

敷地の隅に放置されたイタリア製の風車。ただの「風ぐるま」？

全作　そう、あの、アレ、です（笑）。でも、ま、それぐらいの失敗は、仕方ないですね。なにか新しいことをしようとしているわけだから……。
好文　そう、学習するための教材費だったと思えば、腹も立たないはず（笑）。古道具を買うときだって、ときどき怪しい代物を掴《つか》まされたりしながら、だんだん目が利くようになっていくんですからね。いわば、授業料みたいなものだから。
全作　そう、おっしゃる通り。
好文　え〜と、電気の「線」のあとは……。
全作　「水」です！　人が生きて暮らしていくためには、飲料水は不可欠ですよね。もちろん飲み水だけでなく生活用水全般を含めた「水」。
好文　ですね。それから水を使えば、当然、排水処理のことを考えておかなくちゃいけない。台所や風呂などの雑排水はもちろん、トイレの汚水処理のことも忘れるわけにはいきません。つまり上下水道の「管」をどうしたらなくせるか？　ですね。
全作　「管」といえば、都市部では「ガス管」もありますね、田舎ではプロパンガスが主流だからあまり関係ないけど。
好文　「ガス管」と聞いて、いま、突然、思い出しました。その昔『水道完備　ガス見込《みこみ》』っていうテレビドラマの主題歌がありましたよね。
　いま思うと、あれは、新興住宅地の売り込み文句で、上下水道は完備されていますし「ガス管もそのうち引けますよ」という一種の不動産宣伝用語だったんでしょうね。電気、上下水道、ガス、つまり「線と管」が完備していることが文化住宅を建てる住宅地の条件だったわけですね。

全作さんは、この歌、知ってます?

全作 いえ、残念ながら知りません。僕、団塊の世代より少しばかり若いですから(笑)。文化住宅っていう団地がたくさん建ち始めた頃ですよね。その当時のアメリカのテレビドラマの中の豊かな暮らしの象徴のようなものとか、東京に住んでいた親戚が多摩ニュータウンに当選して入居できると喜んでいた住まいとか。テレビ、洗濯機、冷蔵庫っていう三種の神器が揃えてあると完璧なんですよね。そのテレビドラマは知りませんが、『じゃじゃ馬億万長者』っていうテレビドラマはよく観《み》ていました。田舎暮らしの家族の庭に石油が湧いてきて、ビバリーヒルズに馬車で引っ越してそれまでと同じ生活をするっていう喜劇というか悲劇。結局、いろいろと用意されてる線や管を無条件に有り難がるっていう時代だったのかなあ。そういう文化住宅では熱源は「ガス」だったんですよね。それも管で運んでこられる。

好文 「ガス管」を通して運ばれるガスは暖房や給湯の熱源にもなりますが、小屋の場合は「調理の熱源」と言い替えてもいいですね。

とてもいいことをしているような気がする

全作 さっき水のところで言い忘れましたけど、小屋の装備ということで「温水」という項目もひとつ付け加えておきたいですね。というのは、温水を作るのにもできれば熱源は電気に頼らない方式にしたいですから。

好文 あ、ぼくも温水を作る装置は入れたほうがいいと思います。

管の話が続いたので、電気はちょっとあとまわしにして、まず「水」から始めましょうか。

全作 「水」からね、いいですよ。

え〜と、この小屋は屋根の水を軒樋《のきどい》で受けて竪樋《たてどい》を通して地中のタンクに溜めるんですが、竪樋の中間にごく簡単な仕組みの濾過装置をつけています。これは好文さんのお気に入りということで、『食う寝る遊ぶ小屋暮らし』の中でもイラスト入りで詳しく説明されていますので、本を買って読んでいただくとして(笑)、とにかくスグレモノです。たしかドイツ製ですね。

好文 はい。ドイツはエコロジカルな取り組みが国民全体に浸透していて、この手のちょっとしたエコロジー製品がいろいろあるらしいんです。ホームセン

竪樋に取り付けるドイツ WISY 社製の集水器。簡素な仕組みで枯れ葉やゴミを取り除いてくれる。シップスレインワールド（株）扱い。

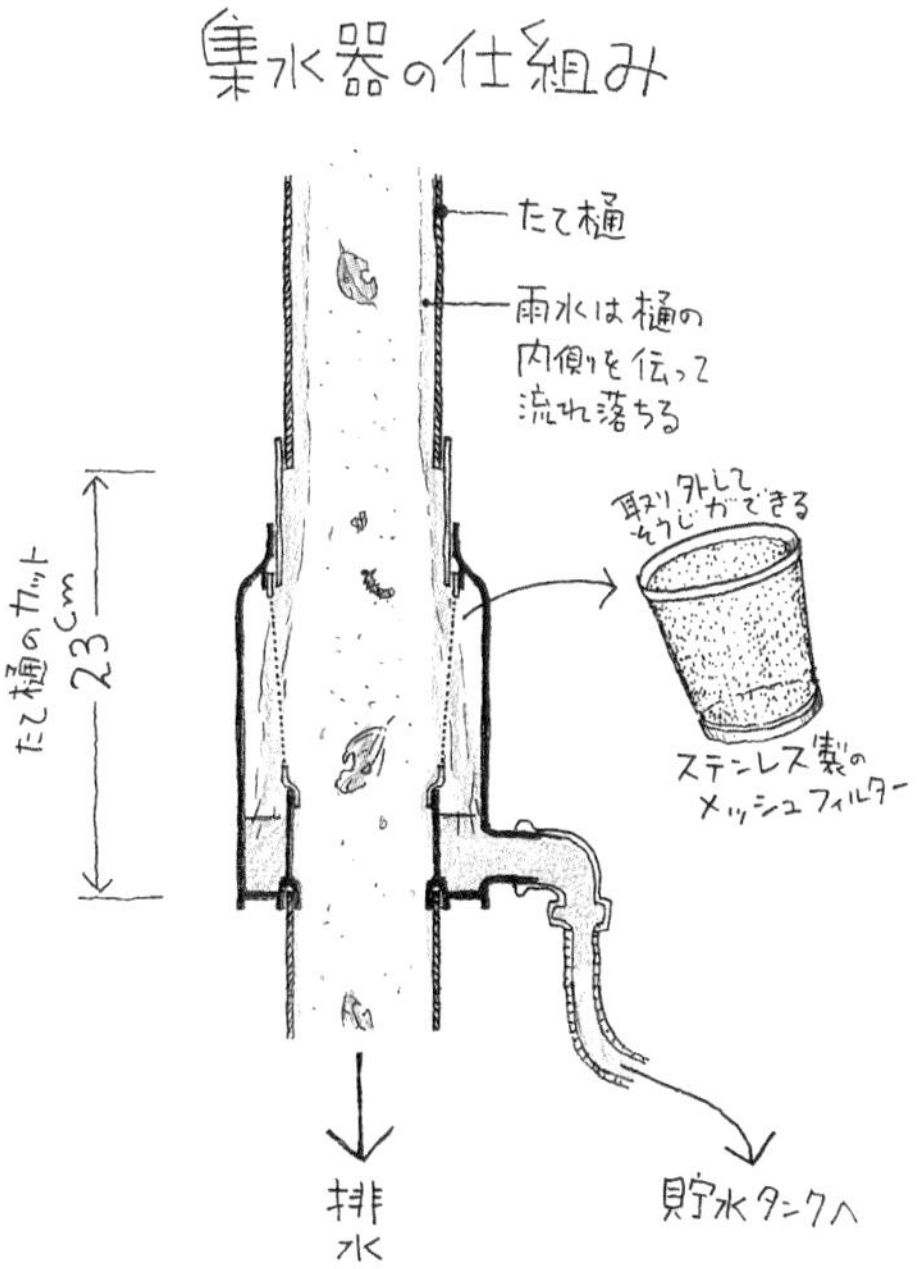

ターみたいなところに行ったら、きっと宝の山なんでしょうね。仕組み・仕掛け好きの全作さんなんか、朝、入ったら、夕方までぜったい出てこないし、散財すると思う（笑）。

全作　するなぁ、きっと。大散財する（笑）。

それはさておき、話を水に戻して……タンクの水はポンプで給水管に送り込むんですけど、ポンプの先に濾過装置をつけて水を綺麗にしてから給水してます。

好文　この濾過装置がなかなかのスグレモノなんですよね。

全作　そう。これには長～い話がありますけど、します？

好文　いや、そこのところは適当に端折《はしょ》って、お願いします（笑）。

全作　わかりました。では、かいつまんで。

ある町の上下水道工事を請け負っている会社の社長さんから聞いた話なんですけど、その町の浄水場では川の水やダムからの水を貯水プールに貯めて、凝集剤のポリ塩化アルミニウムという液体を入れるんだそうです。そうするとね、汚れた水の中のゴミやらなにやらがスーッと消えて、水が綺麗に澄むんだそうです。その澄んだ水に水質基準法を満たすだけの塩素を入れて水道水として供給しているそうです。だからその社長さんは「いやぁ、どっちか言ったら、雨水のほうがず～っと綺麗だし、安全ですよ」って、こう言うんです。で、「うちはその濾過装置を自宅でも使っているし、息子の家もその濾過装置使ってます。細菌も除去できるんですから、吉田さんも使ったほうがいいですよ」ってこうですよ。実際に町の浄水場を手掛けている張本人が言うんだから、ホントなんでしょう。で、僕は以前から自宅にもチーズ工場にもそれを付けています。細菌や大腸菌も取れるそうだし……。

好文　その濾過装置ってスグレモノって言いましたけど、具体的にはどのあたりがスグレているんですか？

全作　濾過装置って大体は多層構造のフィルターで汚れた水を、布や、砂や、活性炭や、小砂利や細かいメッシュなどを通して濾《こ》していくわけですけど、使っているうちにどうしても目詰まりしてきますよね。この濾過装置は逆流させることができるようになっていて、その目詰まりを取り除くことができるんです。このことを「逆洗《ぎゃくせん》」って言いますけど、その逆洗ができる。

好文　そちらから流して目が詰まってきたら「こちらから逆流させて、詰まったものを押し出せばいいんでしょ？」という、ごくあたりまえの発想ですよね。あたりまえ過ぎて、ついつい見過ごしていたんですね。ぼくも全作さんの家で最初にこの濾過装置の逆洗レバーを見て、ホント、感激しました。その逆洗で目から鱗《うろこ》が落ちたような気がしたぐらい（笑）。

全作　でね、その逆流させる水も濾過した綺麗な水を使うんですが、その水で逆洗すると黒っぽい水がブワーと出るんですよ。最初にゴミを濾す白いフィルターみたいなのが付けてあるんですが、それも黒ずんでいる。ああ、この装置を付けてなかったら、こんな水道水を飲んでいたことになるのか……と、ちょっとゾッとしましたね。

好文　その逆洗水は？

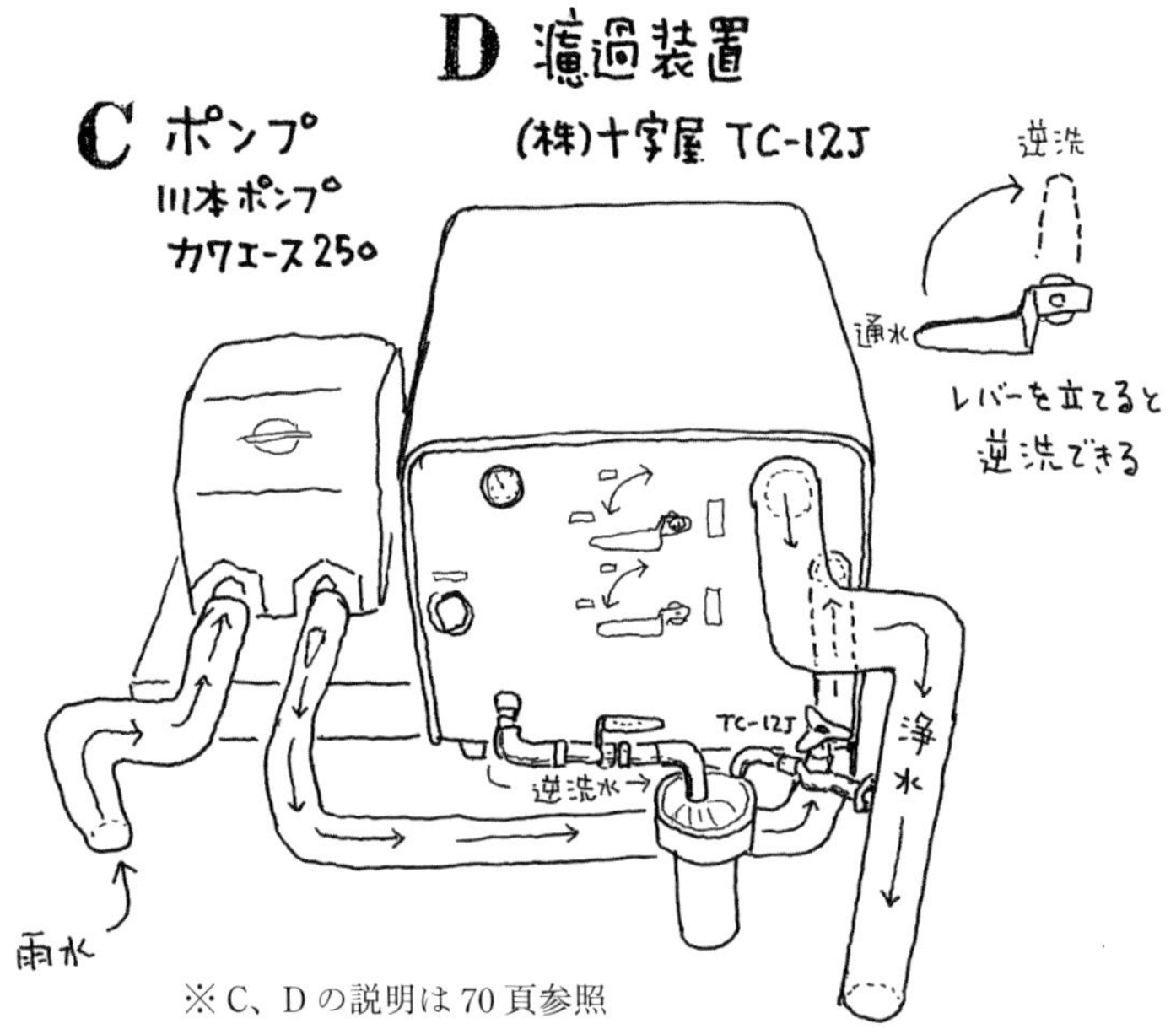

※C、Dの説明は70頁参照

全作　もちろん捨てます。それからこの濾過装置のいいところは水道管の水圧で働くので電力がいらないこと。それから、ここでは雨水を濾過して飲料水にしているんですが、雨水って軟水なんですよ。そんなこんなで雨水を濾過して飲料水にすれば水道水の水質を気にしながら飲むより、精神衛生上もどれだけいいか分かんないですね。

好文　もういいことだらけ（笑）。

全作　あ、でも、ちょっと残念なことを思い出した。

好文　え？

全作　スグレモノだけど、重金属と放射性物質は取り除けないそうです。ま、それは公共の水道水も除去できてないらしいけど。

好文　戸建ての家なら屋根で集めた雨水を使えば水道を引かなくてもよいことになりそうですね。貯水タンクとポンプは必要になりますけど、恵みの雨の恩恵を享受できるってのは嬉しいですね。なんか「とてもいいことをしている」ような気がする（笑）。

全作　「悪いことをしている」ような気がする（笑）ことが、いっぱいありますからねぇ。

好文　ところで、その濾過装置はどこの製品で、値段はどれぐらいでしたか？

全作　僕が自宅とチーズ工場とこの小屋で使っている濾過装置は岡山県真庭市にある「株式会社　十字屋」と「東レ株式会社」が共同開発したTORAY TC-12」という製品です。この装置は水の汚れ具合によって、鉄分を取り除いたり、硫黄《いおう》の臭みを消したりするオプションがいろいろ付けられるようになっていますけど、標準品は四〇万円ぐらいだったと思います。

好文　ありがとうございます。水の濾過装置は他にもいろいろあると思いますが、スグレモノの一例としてとても参考になります。

　さて、給水はこんなところで、次は温水、給湯についてですね。

　全作さんは小屋の給湯方式については「あれにしようか？」「これにしようか？」迷ったりしましたか？　それとも今回の「真空管太陽熱温水器」には以前から目星をつけていたんですか？

全作　二〇一五年のネパール大地震のとき、村の人や大勢のトレッカーが土砂で埋まったランタン村ってところにチーズ作りを教えに行ったんですが、そのときにたくさん目にしたのが太陽熱温水器と太陽光発電パネルなんです。各国のボランティアも入っていて、彼らが持ち込んだものでした。太陽熱温水器は見たことのないガラスの真空管パイプでできていました。たしかマレーシア製でしたかね。僕はモノの仕組みをじっくり観察する癖がついているんで、これはかなり記憶に残っていますね。持ち帰りたかったくらいです。自前でなんとかしなくちゃならない場所ではホントに役に立つものしか残りませんが、そういう意味で欧米のボランティアは線と管のつながっていない場所で必要な道具や器具を熟知しているんです。

この真空管タイプの太陽熱温水器はこの小屋を施工してくれたJ－BUILDの現場監督の蜂谷幸昌さんが探してくれました。福山市にある寺田鉄工所で作っている「熱交換式太陽熱温水器SUNTOP」という製品名で、型番はST-195/24F-Yです。設置の工事費は別にかかりますが、値段は三〇万円ぐらいでした。熱源が太陽ですから電気とか使わなくて済むし、お薦《すす》めですね。

好文　いつだったか、全作さんがこの温水器は夏場に水温が八〇度ぐらいになると安全弁が働いて自動的に注水して温度を冷ます仕組みになっているって話していましたね。

全作　そう、それはいいんですけど、温水を冷ますために自動的に注水するので、水をけっこう使うんですよ。だから、ホラ、夏場に晴天続きで雨が降らないときがあるでしょう、ああいうときは水不足になる傾向があるんです。本当は夏場は風呂でもシャワーでもお湯の温度はぬるめでもいいのに、夏場ほど熱いお湯になっちゃって、それがちょっと困る（笑）。

好文　夏場は温水器の表面を銀色のパネルかなんかで簡単に覆う方法を考えないといけないですね。ただ、温水器は小屋の屋根のてっぺんですからね。いくら全作さんが北大の元・探検部でも還暦を過ぎてるから……どうかなぁ（笑）。

全作　ああ、だからこの温水器は地面に置いているところが多いのかもしれない。点検したり、メンテナンスしたりしやすいから。

右／この真空管方式の太陽熱温水器は熱交換器によって貯水タンクの水を最高85度にできる
左／ネパール・ランタン村でのチーズ作り。全作さんはこの村に2度、指導に出かけている。

節約することより、循環させて生み出すことが大切

好文　給水と給湯の次は排水について伺います。こちらはメカニカルなものではなく、ひたすらローテクを駆使していて、仕組みが目で見て理解できるところがぼくはとても気に入っています。

そしてトップバッターはなんと言っても、パーマカルチャーデザイナー、四井真治仕込みの「傾斜土槽」と「バイオ・ジオ・フィルター」ですね。

全作　四井さんはこれを作りにはるばる八ヶ岳山麓から来てくれたんですよ。「傾斜土槽」についても「バイオ・ジオ・フィルター」についても好文さんが「台所について」の章で触れているので、そちらを読んでもらうことにして、ここでは、それを作ったときのことを話しますね。

好文　台所の排水はまず「傾斜土槽」に流すわけですが、その「傾斜土槽」の仕組みなどを教えてください。箱の中で飼う（?）のは食欲旺盛な縞ミミズでなければいけないって話でしたけど、そもそも縞ミミズなんて、どこに売っているんですか？

全作　傾斜土槽はもともとは四電技術コンサルタントの生地《きじ》正人さんという方が開発されたシステムで「花《はな》水土《みずち》」という名で普及していました。現在のタイプは土の層にするのではなくて、一辺が三センチメートルほどのサイコロ型のスポンジを網の袋で包んで、そのまま発泡スチロールの容器に入れたものを5段ぐらいに重ねて作ります。四井さんの家は以前のタイプで土を入れた層になっていましたが、発泡スチロールにするのは、軽いことと、保温性がいいので冬でもミミズが生き残れるからだそうです。いっぽう、発泡スチロールの容器のほうはタテ四〇センチメートル、ヨコ八〇センチメートル、タカサ二〇センチメートルほどです。みなさん木箱なんか利用して自作してますね。中に入れるミミズは縞ミミズと言われるミミズです。四井さんは、ほっとけばそのうち湧いてくるよって言ってましたけど、ほら、我が家は牧場だから山積みした牛糞の中に売るほどいます。売ってませんけどね（笑）。

そうそう、それから傾斜土槽で注意しなければいけないのは、食器洗いの洗剤を化学洗剤ではなく天然素材が原料の洗剤を選ぶことと、ミミズを飼っているので、熱いお湯を流さないこと。じつは僕は、うっかりスパゲティを茹でたお湯を流してしまって、ミミズを全滅させたことがあるんですよ（笑）。

好文　ああ、茹でミミズか～、気の毒にねぇ（笑）。

四井さんの家で傾斜土槽を見たとき、ぼくは縞ミミズが排水に含まれている有機物を食べているのかと思っていたんですが、そうじゃなくてミミズは土の中の有機物を分解している微生物を食べているんですね。

微生物が箱の中で増え過ぎると目詰まりを起こすので、微生物を縞ミミズに食べてもらって水道《みずみち》を作るという四井さんの話を、ホント、興味深く聴きました。

全作 縞ミミズは体重の三倍の量の微生物を一日で食べてしまうそうですから、水道もできるんでしょうね。本来は、地球の表層部分、土の中でそういった循環が絶えず行われているんですよね。

好文 そして台所の排水は傾斜土槽からバイオ・ジオ・フィルターに流れていき、最終的にはビオトープに流れ込むのですが、ビオトープの水辺では空芯菜やクレソンや山葵が栽培でき、それが収穫されて食卓に上るという循環が生まれるわけです。

ここからは四井さんの話の受け売りですが、地球環境の話をすると、普通は誰もが、省資源とか省エネルギーってことを問題にしますよね。人が生きていくことや、人が暮らしていくことで、資源を浪費したり、自然環境を破壊したりするという考え方で、つまり、人間というのは環境にやたらに負荷をかける「悪者」だから、省資源、省エネルギーに努め、二酸化炭素の排出量を減らすようにしよう……とこうなるわけです。

全作 結局、資源とエネルギーを倹約することばかりに重きを置いて、自然のサイクルから新たなエネルギーを得たりする努力をしていないじゃないか、と四井さんは言いたいんですよね。「持続可能《サスティナブル》というのは、循環させることなんですよ」ってね。

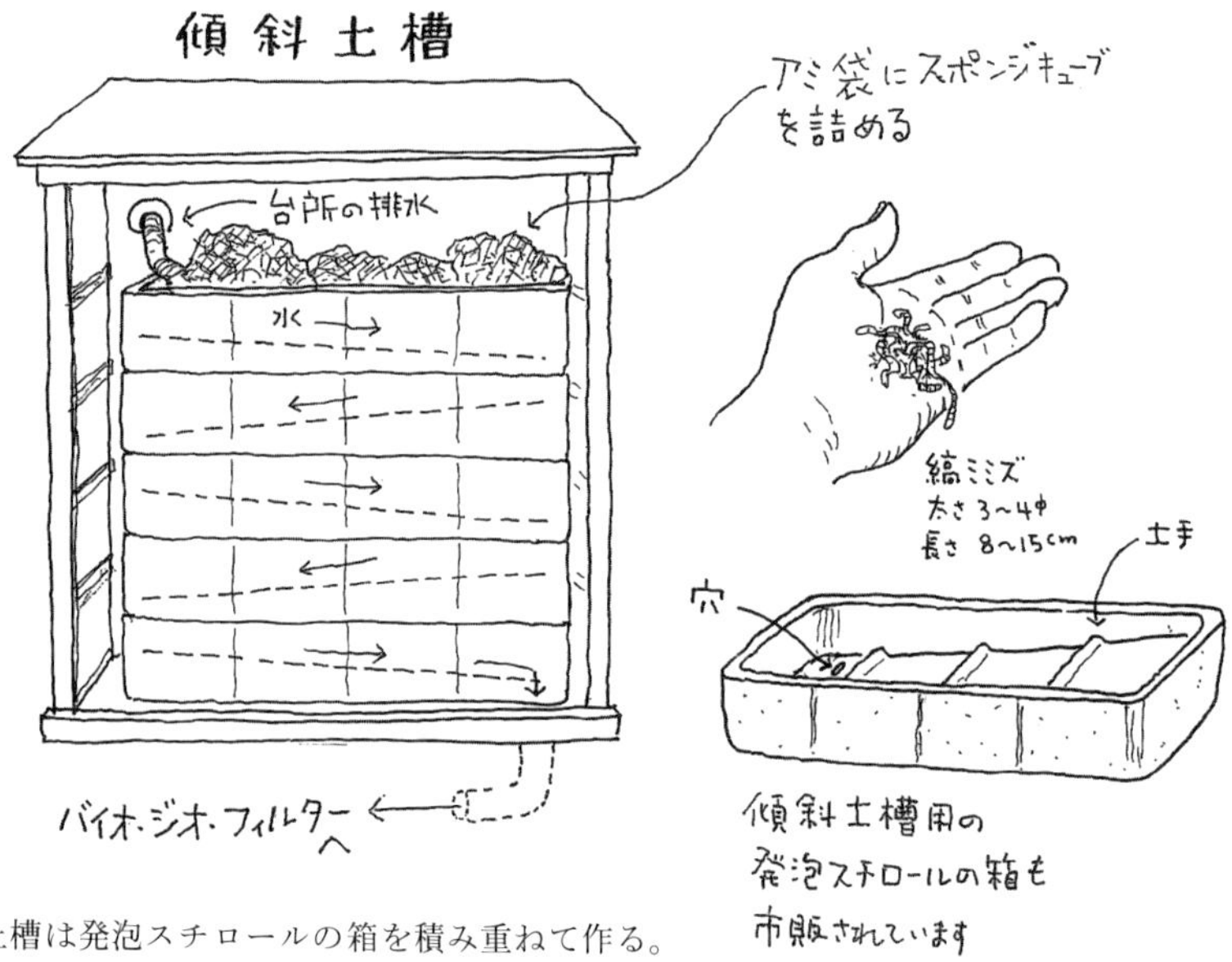

傾斜土槽は発泡スチロールの箱を積み重ねて作る。
囲いは幅約120cm、高さ約130cm、奥行約74cm。

好文 この話を聞いたときは、ぼくも盲点を衝《つ》かれて、はっとしました。

新しいエネルギーを生み出すのは、ソーラー発電や、風力発電や、バイオマス発電などの電気だけを指すのではないということにあらためて気付かされたんです。
四井さんは、たとえば台所の排水がバイオ・ジオ・フィルターを通り、ビオトープに流れ込むことで微生物が繁殖し、その微生物によって分解された無機物を吸収して育つ野菜などを収穫することができる。そして、ビオトープのような動植物の繁殖と成長にとって最適な水辺の環境もできる……と主張しているのです。このことを四井さんは「人の存在が環境にポジティブな影響を与えることだ」と言っています。人はそうした循環を生むための、文字通り、キーパーソンなんだということですね。

ここでひとつ付け加えると、傾斜土槽はミミズが活躍するということで、ぼくも大いに心惹かれましたが、四井さんによると「もちろん、あればあったほうがいいけど、主役はあくまでもバイオ・ジオ・フィルターで、傾斜土槽は脇役的な働き」なのだそうです。

ところで全作さんは以前からバイオ・ジオ・フィルターのことをご存知だったんですか？

全作　いや、本当のところ、どの排水をどう流してどのくらいの長さと深さのバイオ・ジオ・フィルターを造って、池の深さと大きさはどうすれば完璧に間違いなく素晴らしく機能するのか、さっぱり分かりませんでしたね。で、四井さんに頼った。四井さんに電話して、四人ほどが毎日生活するとして、風呂と台所なんかの雑排水はどのくらい出て、そのためにはバイオ・ジオ・フィルターへ投入する瓦くずをどのくらいの量入れたらいいのかとか、じゃあ、池の形や大きさはどうしたらいいのかとか、しつこく聞き倒しましたね。瓦くずと池の周りに敷く石や水漏れ防止のシートなんかを事前に手配しておいて、四井さんが近所に来たときに一緒に作りました。溝は我が家のショベルカーで四井さんが掘ってくれて、シートと瓦くずは一緒に入れて作業は一日で終わりました。今回は排水管埋設や池の敷石なんかの手配は工務店に依頼しました。四井さんには物々交換《バーター》で設計と作業をしてもらいましたけど、実際にバイオ・ジオ・フィルターを作る費用は、規模にもよりますが、一般家庭用ならだいたい三〇万円ぐらいだそうです。

好文　さてと。「管」の最後はトイレですね。ぼくは自分の小屋のトイレについては真正面から取り組む意気込みと、バイオのトイレについて徹底的に調べる努力を怠ったと猛反省しています。文字通り「臭いものに蓋」をしてしまった（笑）。そんなわけで全作さんの話を正座して拝聴します（笑）。

以前、全作さんは、大鋸屑《おがくず》を入れて攪拌するる方式だと、数日間、留守をしたときに小蝿が湧いたりするので、四井さんの家の堆肥小屋脇のトイレのように屋外ならいいけど室内トイレとしては「ちょっとね……」と話してましたよね。そのあたりの話から聞かせてもらえませんか？

傾斜土槽とバイオ・ジオ・フィルターとビオトープは台所や浴室などの雑排水を微生物の働きで浄化する「3点セット」。オレンジ色に見えるのは微生物の棲処になる瓦くず。

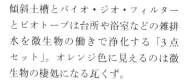

全作　じつは、トイレについて最初に考えていたのは、野糞です。小屋の周りはあの辺りで一番高いところだから周囲から見られることもないし、見て楽しむ方もおられませんし（笑）。ブータンの山のヤク飼いたちも穴掘って野糞。ガイドの人たちも車を止めて野糞。僕もザックを下ろして野糞。でも排泄物はちゃんと自然に還るわけですから、なにもやましいことをしているわけではないんです。でも、小心者なので、吉田全作は小屋で野糞してるって言われるのがちょっと気になって（笑）。また、いくら土に還るんだからとか、循環するんだからと言っても「みんなで野糞しましょう！」（笑）では、あまり賛同してくれる人も、実践してくれる人もいないだろうなぁって考え直してね。

近所に大鋸屑《おがくず》便所を使っている家があるので見学させてもらったんです。そこのお宅ではエネルギー自給も実践していましたし、排水浄化にミミズも飼っていたりしたので、とても参考になりました。ただ、便所に関しては、管理が行き届かなかったりすると、小蝿が湧いたりするので屋内で使用するには「ちょっと、まだかなあ」という印象でした。

そのとき先ほども名前の出た現場監督の蜂谷さんが探し出してくれたのがカナダ製のトイレのシステムでした。よくぞ探し当ててくれたものですが、広大な土地で線と管をつながない暮らしをしているカナダで開発されたトイレのシステムが見つかったんです。その仕組みは飛行機のトイレを思い浮かべてもらったら分かりやすいんですが、用を足した後、ボタンを押すと蓋が開いて真空パイプで発酵槽へズバッと一直線。発酵槽には、手動の攪拌機がついていて、数日に一回動かせば中で発酵して堆肥になるって仕組みです。四十五年の歴史があって耐久性にも問題はありませんね。使用人数や家の仕組みによって何種類かありますけど、どれも七〇万円前後で大鋸屑便所と同じぐらいです。野糞ならスコップと度胸があればタダなんですけどね（笑）。

好文　それは、どうかな？　野糞となると敷地もそれなりに広くないといけないし、土地代がけっこうかかりそう（笑）。だから七〇万円なら安いんじゃないですか。

冗談はともかく、このカナダ製のスグレモノで排泄物が堆肥になり野菜や果物を育てる循環の一端を担ってくれることを忘れないようにしたいですね。

では、そのカナダのメーカーについて教えてください。

全作　「エンバイオレット」という名前でカナダの会社が一九七七年から製造している便所のシステムです。新潟県にあるバイオハウス（https://www.suisen-bio.com/）という会社が日本で販売していますから、メンテナンスも大丈夫です。

好文　こういうメカを備えた製品は、保証とメンテナンスがしっかりしていないと心配ですからね。

発電と充電をめぐる長話

好文　さて。順序が前後してしまいましたが「管」のつぎに「線」の話を伺います。まず、この小屋では電線をつながないためにどんな発電方法と、どんな充電方法を選んだかについて聞かせてください。

全作　その前に、小屋を作ろうと考えた背景について、ちょっと話しておきますね。

好文　そうそう、そのことは全作さんから聞きたいと思っていたことでした。

全作　現代人が日々便利な暮らしを営んでいくためには、電力などのエネルギーが必要不可欠ですよね。だから、そのエネルギーを生み出す元になるものを手に入れなければならないわけですが、たとえば、火力は石炭や重油が原料ですが、大昔にできたものを地球上で燃やしているのですから、CO_2や熱エネルギーの

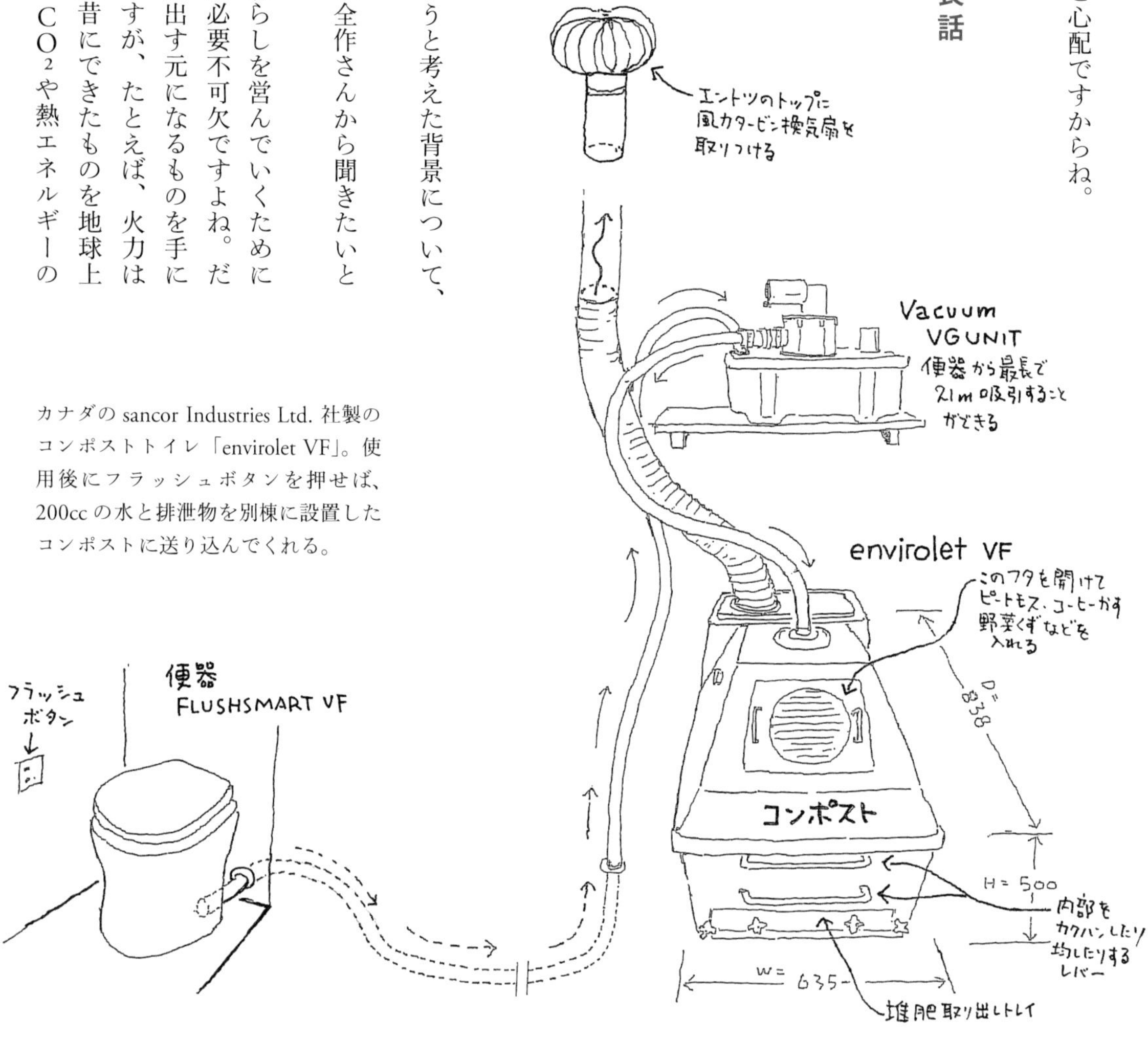

カナダのsancor Industries Ltd. 社製のコンポストトイレ「envirolet VF」。使用後にフラッシュボタンを押せば、200ccの水と排泄物を別棟に設置したコンポストに送り込んでくれる。

排出という面から地球温暖化に拍車をかけることになる。それに、石油の利権は常に戦争の火種にもなっています。それから廃炉技術を確立しないまま始めてしまった原子力の原材料はウランですが、被曝《ひばく》の危険にさらされながら低賃金で採掘している人たちがいることや、福島やチェルノブイリの事故で分かるように、多くの人たちの暮らしを破壊してしまうものでもありますね。

　僕も便利な暮らしをしていきたいと思ってはいますけど、できれば自然環境に負荷をかけたり、地球の埋蔵資源を浪費したり、弱い立場の人たちの犠牲の上にあぐらをかいて暮らしたくないという気持ちがあります。

好文　人が生きていくということは、大なり小なり多くの人の世話になり、環境に負荷をかけているということですからね。

島根県海士町《あまちょう》のポスターの「ないものはない」という名コピーも梅原真さんの作。

全作　この小屋ではそれをどれだけ減らせるか、実験してみたいという気持ちもあったのです。

好文　原子力発電については、福島の事故であまりにもリスクが高いことが分かったので、ぼくは一刻も早く全面的に廃止して欲しいと思っています。それこそ、ひとたび事故が起こったらその犠牲の大きさは計り知れないですから。

　あの大事故で日本中の原発の稼働をいったん停止したときも、電力はなんとか足りていたんですから、もともと原発なんて要らなかったんじゃないですか。まして、この小屋のように各家庭が太陽光や風力で自家発電して電力を賄えるようになったら、まったく要らなくなると思います。

　余談ですが、ぼくは高知のデザイナーの梅原真さんが柏崎市の中越地震復興ポスターに使ってボツになった「げんぱつにげんこつ」という言葉《フレーズ》が気に入っていて、ときどき「げんぱつにげんこつげんぱつにげんこつ」と念仏のように唱えるようにしています（笑）。

全作　「原発は要らない」と決まったところで（笑）、ここからは小屋の電力をどうしたかについて具体的な話をしますね。

　身近に手に入るエネルギー源としては、太陽光と風力、敷地内に運よく川があれば水力も有望だと思いましたが、あいにくここには川は流れていないので、まず水力発電を除外しました。小屋は年中強い風の吹いている丘の上に建てるので風力は有望なエネルギーだと今でも思っていますが、風車には稼働部が多く故障しやすいことと、発電容量に対して単価がまだ高いので使えませんでした。これから家庭用にいろんな発想で価格的にも使いやすい風力発電機が研究開発されれば嬉しいですね。

好文　……と言いつつ、わざわざイタリアから風力発電のセットを取り寄せてみたりしているところが全作さんらしい、と思います。しかも、それが使えなかったあたりも（笑）。

全作　さっきも言ったけど、教材費、教材費（笑）。

で、風力発電は今後の可能性として考えることにして。最終的には太陽光発電にしようと決めました。実用化してからの歴史が長くて、価格も年々下がっていますし……。

好文　全作さんは、発電方法を考える前に、小屋の暮らしで必要となる電気の量がどれくらい必要になるか、電灯に何ワット、トイレのシステムに何ワットとひとつずつ積み上げて見積もっていったと3章で書いていますが、そういうところからスタートするところが全作さんの実践家ならではの発想法……というより思考法なんだなと妙に納得しました。そして、最終的には現段階ではということで、ソーラー発電にたどり着いたわけですよね。

この小屋ではどのメーカーのソーラーパネルを何枚ぐらい設置して。それがいくらぐらいだったかも、教えてもらえませんか？

全作　この小屋で使ったソーラーパネルは施工してくれたJ―BUILDの取引のあるメーカーの製品にしました。ドイツのQセルズというメーカーで、屋根に無理なく、無駄なく載せられるだけ載せました。二〇枚載っていて能力は四・八キロワットです。工事費込みで一三〇万円ほど。

ソーラーパネルのほうは、そんな感じでしたけど、問題は、ソーラーパネルは晴天でなくても発電してくれますが、太陽が出ている時間しか発電してくれないことと、使わないときはその電力を捨てることになってしまうことですね。それはもったいないので、一般的には蓄電します。いわゆるバッテリーに充電する方法です。

じつを言うとその蓄電を「リチウム・イオン・バッテリー」にするか？　「鉛電池」にするか？　この選択でずいぶん悩みました。リチウムイオンは電気自動車に搭載されていて寿命も長く実績がありますが、とても高価です。日本製の電気自動車は給電設備がセットになっているのがあるので、それがいいと思いましたし、リチウム・イオン・バッテリーを単体で買うよりも同じ容量の電気自動車を買ったほうが安いというのも意外な発見でした。

ただ、日中、電気自動車に充電しておいて夜間は給電して小屋で使うということになると、昼間は車が使えないということになり、車は置き物、つまり、オブジェとなってしまう。それってどうかな……と。

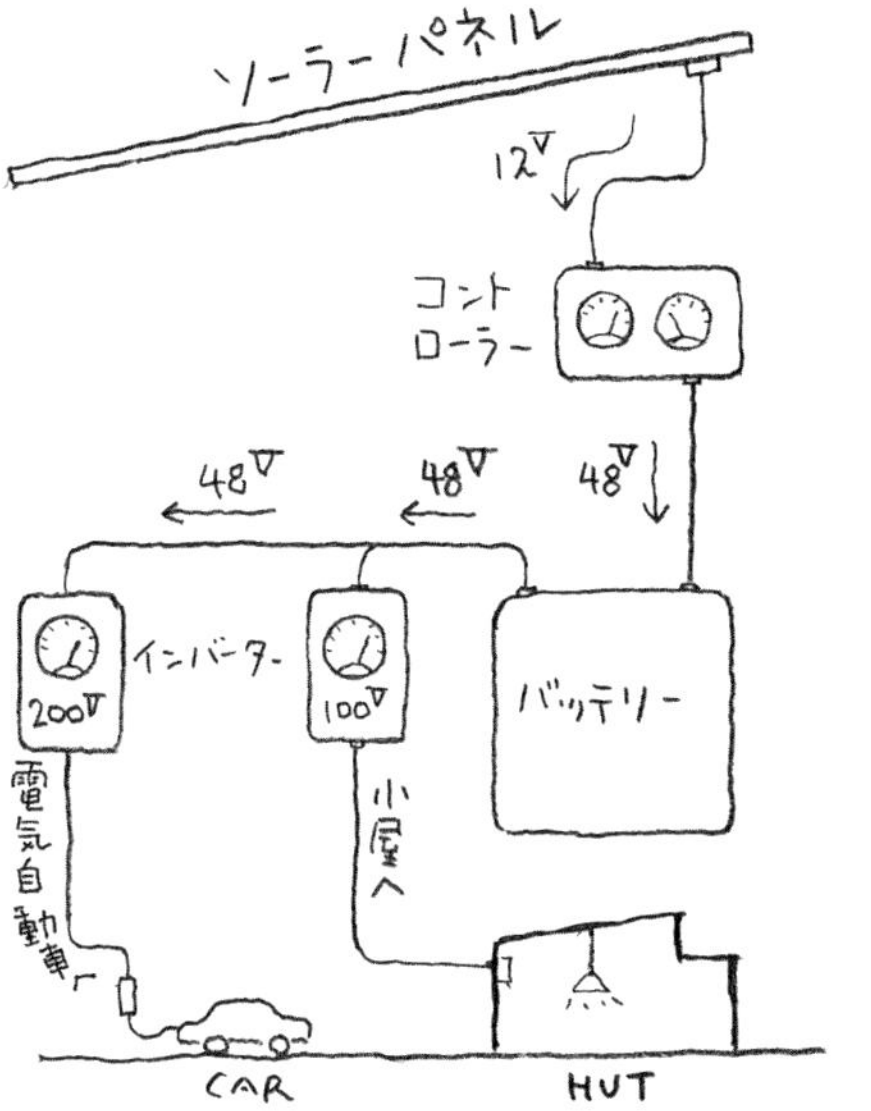

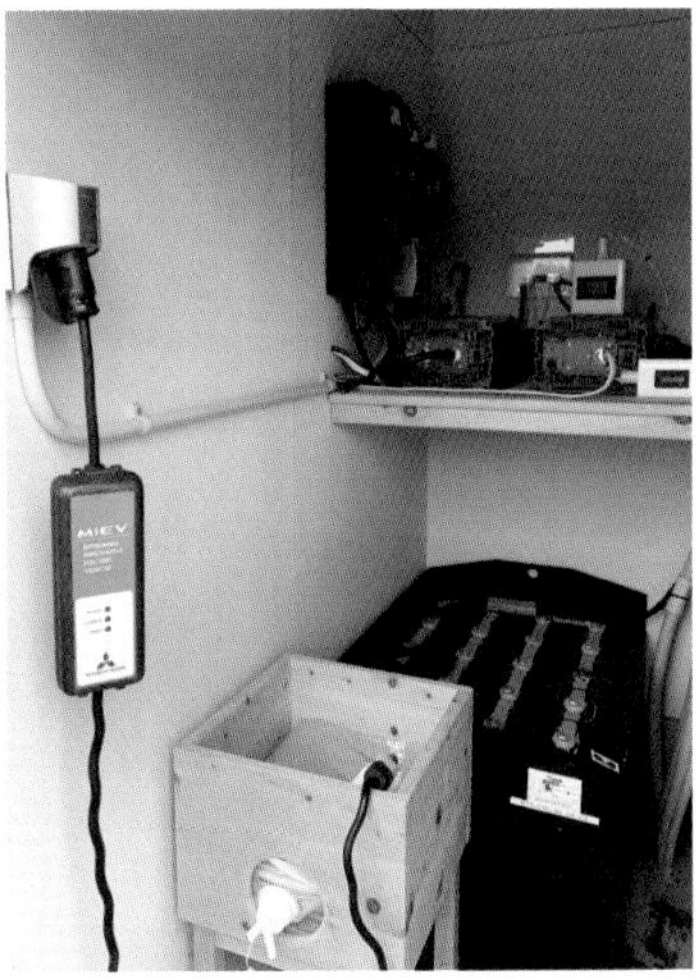

納屋の一部は小屋に電力を供給するエネルギーセンター。右図／25頁のソーラー発電のシステム図をごく簡単に描くとこうなる。

好文　ああ、それで事故で廃車になった電気自動車を格安で手に入れてバッテリーとして使おうっていう発想が生まれたんですね。

全作　そうです。廃車になった車を何台か買って置いておけばいいかな、と思ったんですが、場所もとるし、そのためにガレージを作るっていうのも、なんだかねぇ……？。小屋の風景も台無しになりそうだし……。

好文　じつは、ぼくと岩橋は、全作さんから廃車を買う話を聞いて、2台か3台分の廃車が置けるガレージの図面も描いていたんですよ。結局、その図面はお蔵入りになりましたけど……（笑）。

全作　それは、それは、失礼しました。

それでまた、ネットであれこれ調べてたら、フォークリフト用の「鉛バッテリー」が安くて寿命も長いってことが分かったんです。電圧が四八ボルトなので、欧米のサイトを見るとそれに対応したインバーターなど周辺機器の種類も豊富でした。

好文　全作さんは、こういうことをインターネットで調べるのは得意中の得意ですね。すぐ調べるし、自分に必要なものを素早く見つける能力は抜群。ぼくはそのお手並みを知っているので、ときどき「全作さん」じゃなくて「検索さん」って呼んだりしてました（笑）。

全作　ホント？

好文　うん、知らないのは全作さんだけ（笑）。

全作　ここからは人頼《ひとだよ》りで、Ｊ－ＢＵＩＬＤの蜂谷さんに頼んでメインテナンスのできるフォークリフト用のバッテリー専門の業者を探してもらい、姫路にある工場にも行ってもらいました。行ってみたら、その工場でも蓄電して使っているというので、これはラッキーでしたね。

好文　そのフォークリフト用バッテリーって値段的にはどうですか？

全作　新品で一台七〇万円。ただ、すごく重いから運賃が一〇万ぐらいかかったかな。

バッテリーって蒸留水を補充してやらないと減りますけど、補充をこまめにやれば一〇年ぐらいは使えるらしいんです。それとバッテリーは再生できるので、その会社に持って行けば再生してくれるっていうし……。こんなにいいバッテリーをなんでみんな使わないのかなぁと思いますね。

好文　フォークリフト用って話ですけど、普通に買えるんですか？

全作　もちろん、誰でも普通に買えます。

好文　さてさて、ソーラーパネルと蓄電池の問題は、これにて一件落着！

ところで、自家発電といえば、今のところ太陽光発電と風力発電が主流ですけど、ぼくはもっともっと他の方法がどんどん開発されて実用化されたらいいのにと、つねづね思っているんですよ。たとえばね、公衆トイレの男子用小便器で使用後に自動的に水が流れる

紙面の都合で対談全部を収録できず残念！
対談中はず〜っとこんな感じでした。

のがあるでしょう？　あの水を流すための電力は水道管に小さな水力発電機を取り付けてあって、その電力で流しているんだそうです。あたりまえの話ですが、水道管の中は勢いよく水が流れるので、その水流を利用しているんです。「お、いいところに目をつけたな！」と思いますね。

全作　なぜか理由は分からないんですが、僕は昔からエネルギーが目に見えるタイプで、人がむやみに動いていると、そのエネルギー、どこかに役に立つんじゃないとか。たとえば街でガラス越しに見えるフィットネスクラブで汗を流している人たちのあのエネルギー。あれを無駄……っていうと叱られちゃいますが、もったいないと思う。あのエネルギーで発電できないか、とか、階段を上ってる人を見ると踏ん張って上るエネ

ルギーを電気に変えられるだろうなぁとか。歩いていても地面を踏みしめてるんだから、あのエネルギーは何かに使えるんじゃないかとか……。

好文　そういえば、ぼくも同じようなことを考えたことがありました。

　じつは、友人に四六時中「貧乏ゆすり」をしている男がいるんです。あるときその友だちと駅のベンチで電車を待っていたら、そのベンチがず～っと振動していてね。これ、なんだろう？　近くにモーターでもあるのかなぁと思ってあたりを見まわしたら、その友だちが電車の来るほうを見ながら、一心不乱に「貧乏ゆすり」をしてました。そのとき、この安定したエネルギーなら発電できそうだぞ！　と思ったんです（笑）。

全作　あ、そうか、だからさっきの公衆トイレの発電システムもおそらく似たような発想をするＩＮＡＸの社員が提案して採用されたんじゃないかな。笑い話で片付けられずに、ちゃんと実用化できてよかったですね（笑）。

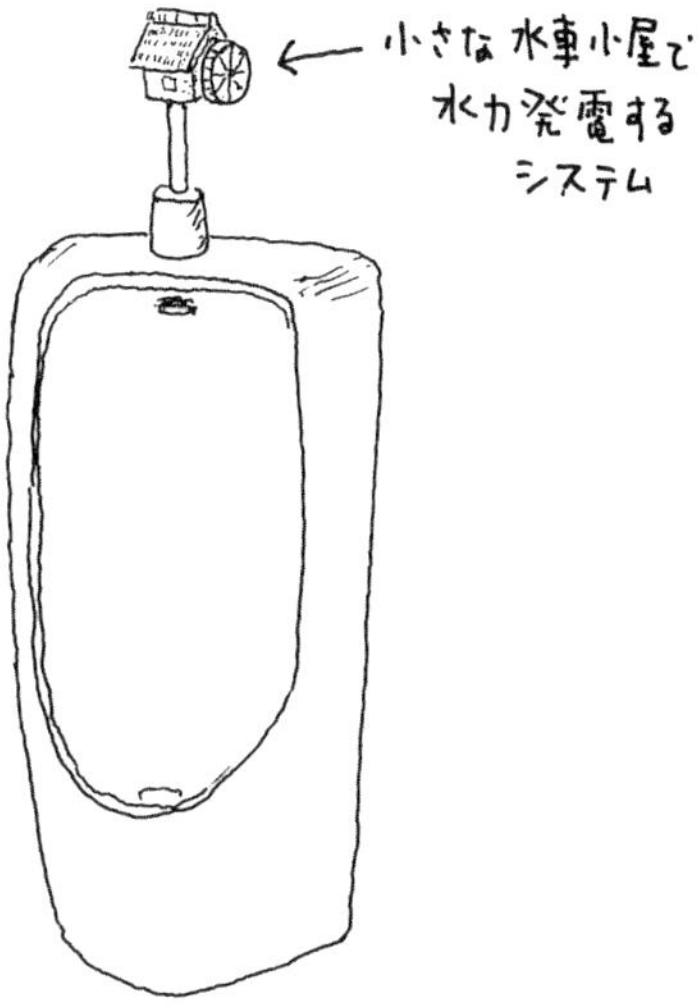

好文　小便器の電力のことをぼくはＩＮＡＸの研究者から教えてもらったんですが、その研究者に、さらに根掘り葉掘り聞いていたら「そんなにおありなら……」ということで、その水力発電機の構造図のようなものを見せてくれました。

　最初、この話を聞いたときに、ぼくは水道管にマッチ箱ぐらいのサイズの「水車小屋」が付いていて、その水車が健気に回っている童話的なシーンを思い浮かべたんですね（笑）。ほら、よく日本昔話に出てくるような、茅葺《かやぶ》き屋根かなんかの、アレ、あるでしょう？　だからその発電機の構造図を見せてもらったときは、夢から覚めたような気持ちになりましたね（笑）。

全作　先ほど二〇一五年にネパールのランタン村というところに行った話をしましたが、その村には一九八九年にもチーズ作りを教えに行っています。そこは、標高三五〇〇メートルほどで森林限界に近いので木が少ないんです。ところが、トレッカー相手の宿がただでさえ少ないその木を薪にして料理や暖房に使ってしまうので、国が国立公園に指定して灌木《かんぼく》しか切れなくしたんですね。そうしたら若者たちが崖の上に発電小屋を建てたんです。村よりずっと上のほうにある氷河から溶けた水流を利用する発電小屋で、この水力発電は日本のＮＧＯも協力しています。その電気を利用してチーズを作りたいということで、僕は呼ばれて行きました。そのとき、若者たちが担いで荷上げしたという大きな発電機を見に行ったんですが、氷河水の位置エネルギーで電気ができるっていう感動もさることながら、線と管がつながっていなくても、知恵を絞れば自前で暮らしていけるってことに気付かされ、目を開かれましたね。

好文　知恵といえば、インターネットを検索すると農業用水や谷川などに設置できる小型の水力発電機はいろいろなタイプが出ていますけど、ぼくが調べた限りでは住宅やマンションの竪樋に簡単に取り付けられる水力発電機は見当たりませんでしたね。日本は雨の多い国だし、最近は集中豪雨などに見舞われることも多いのに、その大量の雨水は屋根から竪樋を通って滝のように流れ落ちて、全〜部、下水道に流されてしまうわけで、ずいぶんもったいない話ですよね。家庭用やマンション用に水力発電機を組み込んだ竪樋が作られて、樋の一部として手軽に取り付けられるようになったら、たちまち日本中に普及するんじゃないかなぁ。

さらに、樋の長さによってそこに仕込む発電機の数……というか、能力を選べるようにしておいて、たくさん発電したい人は発電量の多い長さの樋を取り付けるようにしたらいいと思います。梅雨の長雨や台風の時期、主婦たちの間で「このところ雨が多いので、電気代を気にせず、思うさま電気乾燥機が使えて、ホント助かるワ」なんて噂が囁《ささや》かれるようになったりしてね（笑）。そうなると、雨が降っても「今日はお天気が悪い」なんて、だれも言わなくなると思います。そして「恵みの雨」という感謝の気持ちが自然に湧いてくると思うんです。

全作　普通の人がホームセンターなどで手軽に手に入れることができ、簡単に取り付けることのできる発電のシステムがたくさんできるといいですね。自家発電することが大袈裟なことではなく、ごく日常茶飯事的になれば原発廃止の追い風にもなると思います。

好文　発電機の話で、もうひとつ思い出しました。

二十年ほど前に八重山諸島の西表島《いりおもてじま》でテキスタイルの手仕事センターの設計をしたことがあるんです。通産省だったか、どこだったか、とにかく国の補助金で建設する計画で、結局、実現に至らなかったプロジェクトでしたけど、その打合せのときに、地元の人たちが口を揃えて「台風でなにが怖いって、停電で真っ暗になったときの飛来物が怖い」って言うんです。木の枝や瓦なんかが風で飛ばされてくるらしいですが、それが見えないのが怖いので「なんとかなりませんかねぇ？」と、こう言うんです。で、ぼくが考えたのは、自転車につける発電機を使って街灯を点ける方法です。自転車の車輪の代わりに風車を回して発電機を駆動させる仕組みをいろいろ考えました。これを外灯に取り付けておけば、風が強くなればなるほどあたりが煌々《こうこう》と明るくなって「飛来物なんか怖くない！」ってことになるだろうというアイデアでした。
　プロジェクトそのものが頓挫してしまったので、建物はもちろん実現できなかったんですが、このアイデアが実現できなかったのは、ぼくとしては痛恨の極みでした。

対談をひと休み。今日の全作さんのキッチン・ストーヴ料理は、春キャベツと自家製アンチョビとベーコンのスパゲティ。もちろん吉田牧場製のチーズをたっぷり振りかけて。

料理の熱源、どうする？

好文　さて……と。最後は「火」についてですね。火は料理の熱源という大きな役割を担っていますが、そのことは本文の「台所について」の章で触れたので「さらに詳しく……」と言われても、とくに話すことがない……（笑）。全作さんはこの小屋に見るからに使い勝手と性能の良さそうな外国製のキッチン・ストーヴを入れていますが、このキッチン・ストーヴを見つけた経緯《いきさつ》と入手の方法、さらに使い勝手のことと値段のことなどを話してもらえませんか？

全作　小屋の横の納屋に組み立てたパン窯と一緒に、フランスからコンテナで輸入しました。たまたま、ローヌでワインを作っている知り合いの近所にパン窯の製造工場があって、ネットでストーヴのカタログから選んだものをその工場まで運んでもらって、一緒にコンテナに積んでもらって小屋まで輸送してもらったんです。フランスから来たのになぜかイタリア製（笑）。キッチン・ストーヴを大小各種作っている会社で、その中から土間の煙突の位置など考慮してピッタリとはまるものを選びました。小さくても天板には大きな鍋が三個は余裕で置けるし、直ぐに温まります。四〇〇度まで温度が上がるオーブンもついていますから料理に困ることはありません。ただ、小さいタイプなので焚き口が狭くて、大きな薪が入らないのが難点ですね。薪の世話が忙しくて、僕の手早い華麗な料理がやりにくい(笑)。もうワンサイズ大きいものにするべきでした。このキッチン・ストーヴはイタリアのNordica社の製品で、Rosetta Biiというモノです。値段は輸送費と通関税は別で、一八万円ほどでした。

今から思えば、薪の弾ける音に癒される好文さんのデザインした暖炉型のも良かったかなあと思ってます。

好文　そう思ってくれただけで光栄です。ぼくもガラス越しに炎を眺めるんじゃなくて、焚き火みたいに裸の炎や煙の匂いを楽しめるのが好きなので、暖炉とストーヴの二刀流で使える兼用型をデザインしています。「暖炉型」って全作さんが呼ぶのはたぶんそれですね。直《じか》の炎を眺め、薪の弾ける音を楽しみたいときは正面の蓋を開け、閉めればストーヴとして使えるタイプです。ただし本格的なキッチン・ストーヴとして使うには正直いって、性能はだいぶ落ちます。熱量的にはせいぜい燗酒《かんざけ》をつけたり、長時間かけて黒豆をコトコト煮たりする程度ですね。だから、もし選んでもらっていたら全作さんの手早く華麗な料理ができなくて、きっとイライラさせてしまったと思います。

じつを言うと、ぼくはそのタイプとは別にキッチン・ストーヴをデザインしているんです。「知る人ぞ知る」というより、ほとんど知られていないんですけど(笑)。「ギャラリー間」と「金沢21世紀美術館」で『小屋においでよ』という展覧会をしたときに、中庭に三メートル×四メートルのエネルギー自給自足の小屋を実際に建てました。キッチン・ストーヴはその小屋で使用するためのものでした。楕円の円筒型で小型サイズです、このストーヴは薪を焚きますが、天板の蓋を外して炭を入れたスチール製の七厘をはめ込めるようにしてあり、炭火で調理できるようにしました。「LEMM HUT」で小屋暮らしをしているときは、七厘で料理していて、炭火の威力を知っていたので、炭火で調理できるように考えたんです。結局は七厘ということですから、こちらは火力も充分で、けっこう実用的な代物です。

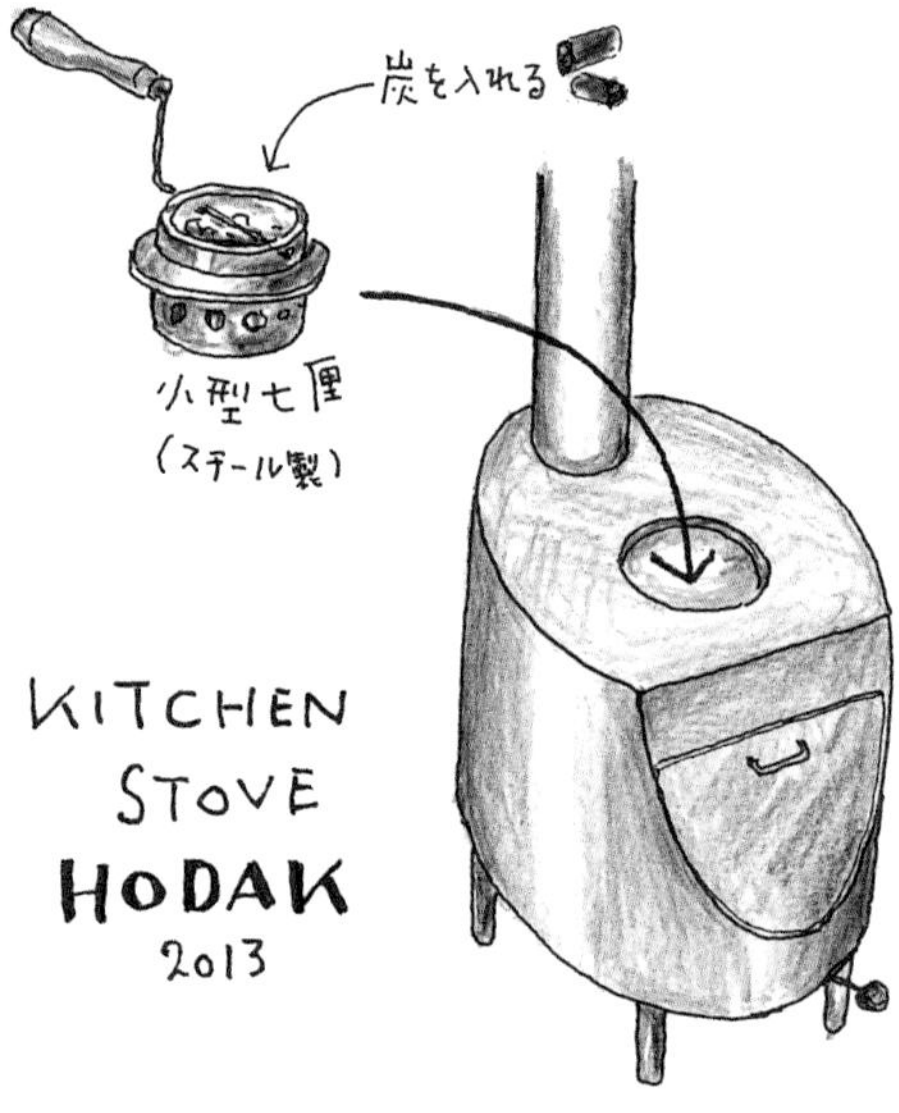

少し建築的な話をしましょうか

好文　さて。これで小屋に線と管をつながないために、ぼくたちのしたことについて、ひととおり話したような気がしますが、全作さん、なにか話し忘れたことはないですか？

全作　え〜と、だいたい話した……と思いますね。とりあえず「線と管」のことはいいとして、好文さんはこの小屋ではいろいろ新しい試みをしていましたよね。読者としては、エネルギーの話だけじゃなく、そういう建築的な話も少し聞きたいんじゃないですか？

たとえば、ほら、この小屋の窓はアルミサッシじゃなくて、木製にしてもらいましたけど、好文さんは木製建具は機密性が悪くて隙間風が入る欠点があるのを「なんとかしたい」って言って、工夫を凝らしていたじゃないですか。

好文　あ、やりましたね。では「おまけ」として、その話をしましょうか。

ぼくは木製建具が好きで昔からよくやってきたんですけど、都市部では法的な制限があってできないことがありますが、別荘地などでは今でも木製建具にすることが多いんです。でもね、木製建具って、常に「雨」と「風」との戦いなんですよ。木製建具は木製の枠に嵌めますが、勝負どころはこの建具枠と建具の密接な関係です。アルミサッシなら雨の処理は完璧で台風時の強風を伴う雨でも室内に雨が差し込んでくることはまずないですけど、木製建具はそこのところが難しくて完全に雨の侵入を止めるのはひと苦労です。

全作　子供のころは窓っていったらほとんど木製だったのに、いつの間にかアルミサッシにとって代わっちゃいましたね。アルミなら雨にも強くて木みたいに腐ったりしないし、雨が入ってくることもないしね。

好文　その雨の処理のことを建築用語では「雨仕舞《あまじま》い」って言うんですけど、「雨を仕舞う」って発想がそのまま言葉になったところが、ぼくは好きです。

木製建具はその雨仕舞いがなかなか難しいんですが、水返しの立ち上がりを大きくするなど、木製枠の断面を工夫することで、まだなんとか防げます。

もっとずっと難しいのが風。つまり隙間風です。こちらは「風仕舞い」とは言いませんけど、木製建具は隙間風が入らないようにするのが大変なんです。

全作　普通はどうしてるんですか？

好文　隙間風なんだから隙間を塞げばいいんでしょ……という発想で、隙間を塞ぐモヘヤのついた「隙間テープ」と呼ばれるモノを窓枠と建具のあいだの隙間に貼ります。モヘヤではなく「ピンチブロック」という名前の、ちょうど冷蔵庫の扉についているゴムパッキンにうぶ毛を植毛したような隙間塞ぎの部品を貼ることも多いです。「ピンチブロック」は断面の形がいろいろあるので、状況に応じて使い分けることができます。

全作　隙間をビッタリ塞げば「隙間風は入らない」というわけですね。

好文　おっしゃるとおり。ピッタリ、少しきつめに塞げば大丈夫です……が、問題はそのピッタリです。というのは、引き違い戸や、片引き戸はスライドさせて開《あ》け閉《た》てするので、ピッタリすると摩擦抵抗が大きくなり建具の動きがとても悪くなるんです。最近はガラス戸にはペアガラスを入れることが多く、建具自体が重くなる傾向がある上に隙間を塞ぐことで、いっそう動きにくくなってしまい、か弱い女性や子供たちでは容易に開けられないということが起こるんです。

全作　あ、そうか、それはそうなりますよね。

好文　この木製建具の隙間風問題は大学を出て設計の実務についたころからぼくの課題でした。今回は、以前からあたためていたアイデアで木製枠と木製建具を作ってみたんですが、これが、あっぱれ、大成功!(笑)。

全作　……でしたね。僕は現物を見て知っていますが、読者にそのアイデアについて話してください。

好文　では、ごく簡単に説明しますね。

　まず、木製枠に下向きの細長～い直角三角形の木製部材を取り付けます。

　次に建具のほうにこれと同じ形の部材を上向きに取り付けます。

ちょっと見にくいですが、目を凝らして写真をご覧いただくと、窓枠の下端に細長い三角部材(イラストの青色部分)が見えます。タテ枠の黒い直線はピンチブロックでこちらは垂直方向の隙間風を防いでいます。

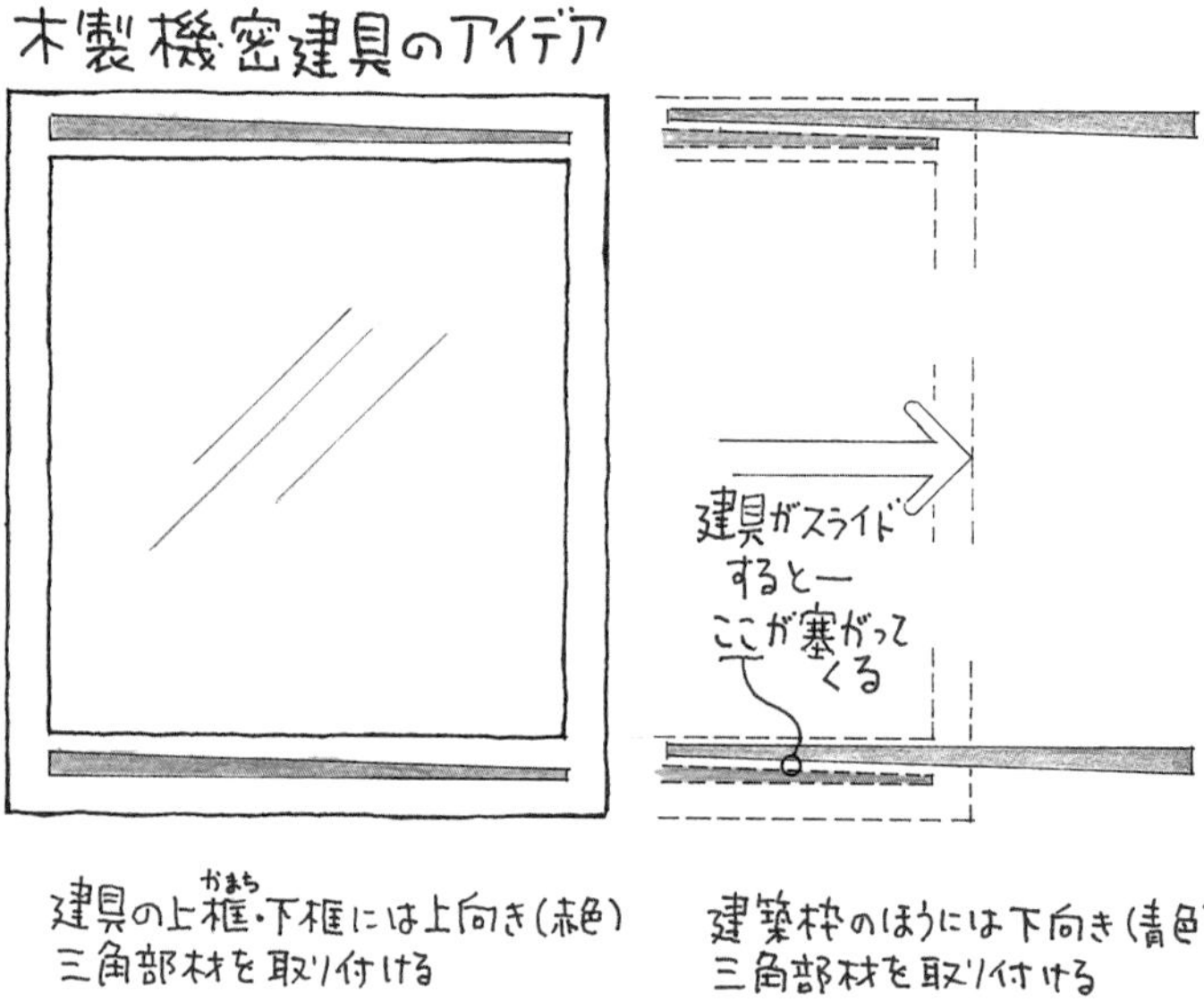

木製機密建具のアイデア
建具がスライドすると一
ここが塞がってくる
建具の上框《かまち》・下框には上向き(赤色)三角部材を取り付ける
建築枠のほうには下向き(青色)三角部材を取り付ける

籠《こも》り部屋のテラスは眺めも良くて居心地満点。この日は吹きっさらしの西風のためテラス滞在はわずか5分間。

そうすると、建具を閉めた状態ではこの二つの部材はピッタリくっついていて隙間風を防いでくれます。もちろん、三角形の合わせ目にはピンチブロックを貼っておきます。

戸を開けるために建具をスライドすることによって、その隙間がだんだん広がっていくので、摩擦による抵抗はまったくなくなります。

逆に、戸をスライドさせて閉めていくと隙間がどんどん狭くなって、閉めたらピッタンコ。以上（笑）。

全作　小屋のこの隙間風塞ぎの仕掛けはうまくいきましたね。この場所は丘の上でとても風の強いところだけど、木製建具でも隙間風は入らないんです。

好文　このことを現場で確認したときは、長年背負っていた重荷をやっと下ろしたような気持ちになりました（笑）。

さて……と。気軽な雑談でしたが、この話が「線」と「管」という文明の命綱《ライフライン》に全面的に頼らない暮らしをしていきたいと考えている読者にとって、なんらかのヒントになり、役立ってくれたら嬉しいですね。

全作　この本を読んだら「自分にもできそう」と思ったり、「やってみようかな」と考える人は多いんじゃないですか？　その背中をヨイショと押す力になったと、僕は思いたいですね。

おわりに

世の中には「面白いこと」が満ち溢れていて飽きることがありません。「線と管をつながない」小屋づくりも、じつはそんなところから出た妄想が後押しをしたのかもしれません。中村好文さんの本を読むと、僕の気づかないでいた「面白いこと」が満載です。そして、好文さんに依頼すれば今までにない面白い「線と管をつながない」小屋ができるに違いないと思いました。

好文さんに僕の意図するところは自然に伝わりましたが、本設計に入るまでには半年ほどかかりました。その間、小屋に関心のある大勢の方達に助言をいただき、分からないことや知らないことは、いろいろな手段を使って調べていました。そのうち、人の手を借りればできることは沢山あって、工夫次第で実現できることも分かりました。しかし、ある行為をすることによって、弱い立場の人たちを苦しめたり、地球環境に悪影響を及ぼすことがあっては本末転倒です。

核廃棄物の処理方法が確立していない、いわゆる便所のないマンションと言われ続けていた原子力発電所は、いったん事故が起これば大勢の人達の暮らしを一瞬で破壊することが、チェルノブイリや福島の事故で明らかになりました。地球上で僕らが幸せな暮らしを続けるためには、エネルギーをどこから得て、使えなくなったものをどう処理することができるのか。使い方や処理方法を誤ると、地球環境、そして、僕らの暮らしにとんでもない悪影響を及ぼすのですから、慎重に熟慮を重ねなければなりませんでした。そのことは、小屋づくりにあたって重要な課題の一つでした。

幸い、そういった大勢の人達の知恵をお借りすることで、完成から三年半を経た現在まで小さなトラブルはあるものの、全てのシステムが順調に稼働しています。排水の流れ込むビオトープには、鳥が運んできた種から蒲が茂り、放流した鯉は餌を与えないにもかかわらず大きく成長し続けています。蓄電した電気で一日中動くポンプが池の水を循環させ、バイオ・ジオ・フィルターに植えた空芯菜は食卓を飾ります。冬でも晴れていれば、風呂に四〇度を越える湯を供給してくれる太陽熱温水器はもう手放すことはできません。そして、太陽光パネルで発電した電気は、未だに有り余るほどバッテリーに蓄えられています。

さて、この本の読者の中には、好文×全作だからできたのだと思われた方も多いと想像します。なるほど、満を持して二軒目の「線と管をつながない」小屋の設計に挑んだ好文さんと、常に何か「面白いこと」はないかと探し求めている僕がタッグを組んだのですから、そういう見方もできるかもしれません。

でも、心配ご無用です。身近なところから少しずつ始めれば誰にでもできることなのです。たとえば、集合住宅にお住まいの方は、駐車場の片隅に雨水の貯水槽を置き、ベランダに太陽光パネルを設置して蓄電し、災害の際にはその電気でポンプを動かし、浄化装置を使って飲料水を確保することを考える。一軒家であれば、この本に書いてある自給自足のための設備を少しずつ増やしていくことも可能だろうと思います。一世帯が作る自前のエネルギーがどんなに小さくても、合計すれば膨大なエネルギーになります。排水や生ごみも一世帯が出す量は少量ですから、毎日処理すれば堆肥や液肥にしてプランターで野菜を育てることもできるでしょう。

今回お世話になった方々は、皆さん「面白がる」達人ばかりでした。工夫をすることと手間ヒマを厭《いと》わない楽しめる方達です。読者の方たちにも、まず何でも「面白がって」いただきたい。「面白い」と思った瞬間から完成まで、長い間暮らしを楽しめること請け合いです。しかも地球環境に負担をかけない暮らしが身近で可能なのですから。

最後に、「線と管のない家（月刊「たくさんのふしぎ」二〇二〇年三月号）」（福音館書店）で小屋の話を子供向けに企画執筆してくれた友人の森枝卓士さん、いつも快くアドバイスをしてくれたソイルデザインの四井真治さん、工事を担当するだけでなく求めていた設備を精力的に探してくれたJ－BUILDの蜂谷幸昌さん、現場に何度も足を運んで僕の無理難題を聞いてくれた好文さんのアシスタントの岩橋翼さん、好文さんを紹介してくれただけでなく小屋の数々の漆塗りを提供してくださった塗師の赤木明登さん、僕の稚拙《ちせつ》な文章に根気よく手を入れてくださったPHPエディターズ・グループの見目勝美さん、そして、僕のわがままな行動を叱咤激励し、鞭打って応援（？）してくれた家族のみんなに感謝いたします。

尊敬する石毛直道さんの言葉「何でも面白がりましょう」。
牛飼いの師匠の言葉「種を蒔かなきゃ実はならぬ。始めなければ終わらない」。

二〇二二年六月吉日
吉田全作

中村好文（なかむら　よしふみ）
建築家。1948年千葉県生まれ。72年武蔵野美術大学建築学科卒業。設計事務所勤務を経て、東京都立品川職業訓練校木工科で家具製作を学ぶ。81年レミングハウス設立。87年「三谷さんの家」で第1回吉岡賞受賞。93年「諸職の技術を生かした住宅」で第18回吉田五十八賞特別賞受賞。2014年～多摩美術大学環境デザイン学科客員教授。主な著書に『住宅巡礼』『住宅読本』（以上、新潮社）、『普通の住宅、普通の別荘』（TOTO出版）、『百戦錬磨の台所 vol.1,vol.2』（学芸出版社）、『食う寝る遊ぶ 小屋暮らし』（PHPエディターズ・グループ）がある。

吉田全作（よしだ　ぜんさく）
牛飼、フェルミエ（チーズ農家）。1955年岡山県生まれ。79年北海道大学農学部畜産学科卒業後、5年間のサラリーマン生活を経て、84年に岡山県・吉備高原にて酪農業を開業。88年、念願のチーズ作りを始める。94年、ホルスタイン種からブラウンスイス種に変更。以来、土地に根ざし牛を放牧し、餌や牧草にこだわり、おいしい乳を搾り、家族のみで手作りチーズを生産し続ける。その誠実で妥協のない味わいで全国にファンが多い。主な著書に『吉田牧場 牛と大地とチーズとの25年』『チーズのちから』（以上、ワニブックス）がある。

ブックデザイン
宮巻　麗

写真
四井真治／18p・83p下
蜂谷幸昌／27p・96p右
岩橋　翼／64p右下・76p上・86p・89p・106p・109p・113p
雨宮秀也／87p
中村好文／31p・83p上3枚・105p・112p
上記以外すべて吉田全作

PD
小川泰由　大場結奈（凸版印刷）

線《せん》と管《かん》をつながない
好文×全作の小屋づくり

2022年7月4日　第1版第1刷発行
2023年7月25日　第1版第2刷発行

著　者　中村好文
　　　　吉田全作
発行者　岡　修平
発行所　株式会社PHPエディターズ・グループ
　　　　〒135-0061　江東区豊洲5-6-52
　　　　TEL03-6204-2931
　　　　http://www.peg.co.jp/
発売元　株式会社PHP研究所
　　　　東京本部　〒135-8137　江東区豊洲5-6-52
　　　　普及部　TEL03-3520-9630
　　　　京都本部　〒601-8411　京都市南区西九条北ノ内町11
PHP INTERFACE　https://www.php.co.jp/
印刷所
製本所　凸版印刷株式会社

ISBN978-4-569-85116-7